■ 中国体育学文库

| 体育教育训练学 |

高水平运动训练能力提升研究

—— 国家体育总局2019年优秀运动员公派赴美留学班成果汇编

国家体育总局干部培训中心 | 编

北京体育大学出版社

策划编辑：吴　珂
责任编辑：吴　珂
责任校对：田　露
版式设计：中联华文

图书在版编目（CIP）数据

　　高水平运动训练能力提升研究：国家体育总局2019
年优秀运动员公派赴美留学班成果汇编 / 国家体育总局
干部培训中心编. –– 北京：北京体育大学出版社，
2023.1
　　ISBN 978-7-5644-3797-8

　　Ⅰ．①高… Ⅱ．①国… Ⅲ．①运动训练—研究 Ⅳ.
①G808.1

　　中国国家版本馆CIP数据核字(2023)第006125号

高水平运动训练能力提升研究
GAOSHUIPING YUNDONG XUNLIAN NENGLI TISHENG YANJIU 国家体育总局干部培训中心　编

出版发行：北京体育大学出版社
地　　址：北京市海淀区农大南路 1 号院 2 号楼 2 层办公 B-212
邮　　编：100084
网　　址：http：//cbs.bsu.edu.cn
发 行 部：010-62989320
邮 购 部：北京体育大学出版社读者服务部 010-62989432
印　　刷：三河市华东印刷有限公司
开　　本：710 mm × 1000 mm　　1/16
成品尺寸：170 mm × 240 mm
印　　张：8.5
字　　数：139 千字
版　　次：2023 年 1 月第 1 版
印　　次：2023 年 1 月第 1 次印刷
定　　价：85.00 元

编　委　会

主　　任　杨　宁

副 主 任　张　良　曹卫东　杨新利　张锐铧

主　　编　夏伦好

编　　委　赵正光　郭　涛　刘学超　徐庆雷

前　言

　　优秀运动员是我国体育事业发展的宝贵人才，为了更好地发挥优秀运动员的影响力和作用，全力备战2020年东京奥运会、2022年北京冬奥会和2022年卡塔尔世界杯预选赛，强化优秀体育人才培养，在国家留学基金委的大力支持下，国家体育总局于2019年9月至12月举办了优秀运动员公派赴美国留学班。

　　本次赴美国留学班一共15名学员，他们分别来自13个项目，包括跳水、举重、高尔夫球、羽毛球、田径、垒球、皮划艇、摔跤、帆船、射箭、足球、跆拳道和游泳，均为全国体育系统选派的取得过优异成绩的高水平运动员。

　　本次留学班的学习地点是美国密歇根州的东密歇根大学，来自体能训练、营养康复、运动生理、生物力学、体育产业、运动心理等研究领域的多位学者专家，以及相关协会及俱乐部的多位管理者为留学班进行为期三个月的授课。除课堂授课外，留学班学员还实地调研了密歇根州当地的专业运动训练场馆，观摩了部分运动队的训练比赛。留学班课程内容丰富，教学形式多样。班中成立了学习小组，通过各运动项目的融合交流，将所学知识与优秀运动员培养相结合，每位学员都收获颇丰。

　　为了便于此次培训成果的交流和宣传，并向有关职能部门提供咨询参考，我们将学员的学习成果和培训总结、专家讲课记录编辑成集。本书在编辑过程中，得到了国家体育总局人事司、北京体育大学领导的关心、重视和北京体育大学出版社的大力支持，在此一并表示衷心感谢。

　　由于水平有限，书中不当之处在所难免，敬请读者批评、指正。

本书编委会

目　录

专家授课记录

国家体育总局2019年优秀运动员公派赴美留学班总结报告

执笔人：黎嘉韵 杨景辉

在国家体育总局和国家留学基金委员会（以下简称"留学基金委"）的关心培养下，在学员所在单位有关领导的大力支持下，2019年9月20日至12月19日，国家体育总局2019年优秀运动员公派赴美留学班的学员在美国东密歇根大学进行了学习。举办本次留学班旨在更好地发挥优秀运动员的影响力和作用，全力备战2020年东京奥运会、2022年北京冬奥会和2022年卡塔尔世界杯预选赛，强化优秀体育人才的培养。在美国三个月的学习和生活，学员们收获良多，受益匪浅。现将留学班总体情况汇报如下。

一、留学班基本情况

（一）培训目的

2020年东京奥运会、2022年北京冬奥会和2022年卡塔尔世界杯预选赛等国际大赛已进入倒计时阶段，举办本次留学班旨在让学员学习美国竞技体育中先进的理论与实践知识，发挥我国优秀运动员的影响力和作用，强化优秀体育人才培养。

（二）学员构成

本次留学班是国家体育总局和国家留学基金委合作组织的体育类人才公

派出国培训项目，学员都是曾经在国际赛场上为国争光的优秀运动员，更有两位奥运冠军分别在2004年、2008年和2016年的奥运赛场上为国家争得了金牌。学员有现役运动员、国家队管理人员、体校教练、省队教练、体育局管理人员、大学教师等，他们分别来自13个项目，包括跳水、举重、高尔夫球、羽毛球、田径、垒球、皮划艇、摔跤、帆船、射箭、足球、跆拳道和游泳。为保证学习效果，留学班配备了2位来自成都体育学院的英语教师，专门负责在课前将英文课件翻译成中文，方便学员们预习。同时，他们还负责课上的口译工作。这是一个多项目的复合班级，体育运动的原理和大方向是相通的，但是也有其各自的特点。学员们结合自己项目的特点，经过互相交流和沟通，在学习过程中，将授课知识与本职工作进行了结合，做到了主动学习、有备而来、有的放矢、满载而归。

二、思想政治建设与后勤保障

（一）高度重视思想政治建设

在美国期间，适逢中华人民共和国成立70周年，班委会认真组织开展了庆国庆爱国主义教育活动，10月1日，学员们集体观看了庆祝中华人民共和国成立70周年大会，学习了习近平总书记重要指示及讲话精神，组织同学们观看了《我和我的祖国》爱国主题电影，激发了学员们的爱国主义情怀和民族自豪感，他们决心努力学习，学以致用，报效祖国。

（二）严格按照班委会分工负责学习生活等日常事务

赴美国留学期间，班委会在确保学员留学期间的人身财产安全、政治纪律安全等方面发挥了重要作用。一是生活方面，由于宿舍和校园距离较远，考虑到学习地点冬天降雪后交通不便，班委会安排了出租车，并力所能及地为各位学员解决赴美期间生活方面遇到的问题，做好后勤保障工作，为学员安心学习提供了保障；二是班委会严格按照留学班要求，及时将每周上课和出勤情况汇总反馈至国家体育总局，切实保证留学班的学习质量，并积极协调公寓管理人员，做好各项后勤保障工作，发挥团结、有爱、互助精神，尽心尽力地为学员服务，保证此次留学的顺利进行。

三、主要学习内容

本次留学班由国内培训和国外培训两部分组成。国内培训于9月17日至19日在北京体育大学进行，留学基金委、国家体育总局人事司、北京体育大学相关领导在开班仪式上做动员讲话，强调了此次留学培训的重要性，对学员提出了严格要求，对留学期间的注意事项及纪律做了明确规定。领导们多次强调安全是本次留学的首要前提，在保障安全的情况下，希望学员能带着问题、带着思考赴美国学习。

国外培训于9月23日至12月13日在美国密歇根州的东密歇根大学进行。此次留学班由该校的乔·艾森曼和安东尼·莫雷诺两位老师承担教学组织管理工作，来自体能训练、营养康复、运动生理、生物力学、体育产业、运动心理等研究领域的多位学者专家，以及相关协会及俱乐部的多位管理者为留学班进行了为期三个月的授课。除课堂授课外，学员们还实地调研了密歇根州的专业运动训练场馆，观摩了学校篮球队和其他相关队伍的训练比赛。本次留学班的课程特点如下。

（一）课程内容丰富

理论课程涉及体育测量与评价、运动生理学、运动心理学、运动营养、运动生物力学、运动心理学、运动训练康复、力量与爆发力训练、体能训练方法手段、社区体育、运动损伤治疗、美国青少年运动员与学校体育、女性体育训练、极端天气训练、执教艺术与心理等学科领域。前两周的课程从宏观上讲述了美国运动员培养的观念和原则，提到最多的一个概念就是运动员长期发展模式。一个优秀的运动员需要从技术、战术、心理和体能这四个方面来培养，除了运动员自己本身，技术教练、家长、领队、体能教练、物理治疗师等身边的人都会对他能否成才起到重要作用。美国对运动员进行培养时，非常重视其青少年阶段身体基础能力的发展，提倡大部分项目的运动员到12~14岁时再进入专项化的训练，这样的模式可防止拔苗助长，延长优秀运动员的职业寿命。

预防伤病和运动康复也是让学员收获颇丰的课程。在美国，无论是专业体育俱乐部还是大学校队，运动员到队进行训练前，都会有详细的训练前筛查测试，其目的是了解运动员的身体和伤病状况，制订符合每个运动员的训练和治疗周期计划。在训练中也会进行监测和评估，收集运动员的生理和心理指标数据，由专业的科研团队进行分析，并向教练和运动员出具研究报告，有伤病的风险也能及时发现。对运动员来说，伤病是在所难免的，如何在受伤后尽快恢复，并且恢复到伤前的运动水平，是我们这次学习最关心的话题之一。运用高科技的康复仪器和手段，关注运动员受伤后的心理治疗和心理重建、教练和其他队员共同帮助受伤运动员等都是有效的手段。本次的留学班课程注重案例分析、现场示范和实验操作的结合，教师与学员、学员与学员之间的互动多、交流多，营造了你追我赶的学习氛围。

（二）教学形式多样

留学班的观摩课程安排走访了美国青少年冰球训练中心，参观了职业冰球队红翼队和职业篮球队活塞队的训练和比赛场地及密歇根大学、东密歇根大学、密歇根州立大学和当地几所高中的校队训练场等。美国的体育场馆众多，利用率高且业态丰富，我们参观的职业冰球队红翼队的主场馆就是一个很好的例子。这个场馆是一支职业冰球队和一支职业篮球队的比赛主场馆，还承担两支球队的训练任务。场馆的每个门都有赞助商的冠名，包括著名的银行金融机构、汽车商和超市零售商。除了体育比赛，场馆还承接私人的比赛和训练活动、大型演唱会，场馆的主楼还经营办公室出租业务。场馆中有四家餐馆、一家出售球队周边产品的纪念品店，人流和收入可观。从场馆角度来看，多支球队入驻提高了场馆利用率；从球队角度来看，在知名的场馆打球，商业价值有所体现；从球迷角度来看，享受专业的服务自然流连忘返；从赞助商角度来看，多支球队的叠加曝光，保证了宣传效果的最大化。对美国体育产业商业模式的探索也是这次学习的收获之一，这种综合的场馆运营模式值得我们思考和借鉴，以便探索适合我国国情的运动场馆经营模式。

（三）注重交流研讨，力争补齐本领短板

为了进一步巩固学习成果、促进交流、共同提高，全班分成两个小组，每组都开展了三次小组内部交流讨论会，每位学员从学习态度、学习收获、自身不足以及下一阶段的学习重点等角度积极发言，汇报自己的研究目标和内容；班委会组织了两次全班交流研讨，就学习的主要内容进行了交流与讨论。在研讨过程中，学员纷纷以问题为导向发表演讲，将所学知识与优秀运动员培养等需求相结合，研讨时气氛热烈、信息量大，学员们均表示收获颇丰。

四、对我国体育运动的启示

（一）将举重运动纳入日常训练，提升运动员的身体素质

有研究表明，举重练习会带来很多益处：可以增强力量，尤其是无氧爆发力，提高速度、柔韧性、平衡性和协调性等。合理地组织和开展举重训练，对于促进运动员训练和比赛成绩的提升非常有效。

（二）大力发展全民体育，使体育锻炼成为民众主要生活方式

体育是社会文明进步的标志，也是推动健康中国战略实施的关键所在，

体育可以为中华民族的繁衍提供源源不断的动力。促进我国全民健身和体育消费，推动体育产业高质量发展，是满足我国人民对美好生活向往的重要内容，是实施健康中国战略的重要保障，是推进体育强国建设的重要举措，是形成强大消费市场的重要潜力，是国民经济增长的重要增量。

（三）重视青少年运动员长期发展，培养终身运动的生活习惯

在训练和比赛的同时，还需要关注青少年的比赛心理及伤病的预防和治疗，保持健康的身心是运动员长期发展的核心。

对体育的热爱来自兴趣，而兴趣是需要从小培养的。要建设体育强国，首先要培养市场，要发展稳定忠实的体育爱好者和体育消费群体。应鼓励我国的青少年掌握一种或多种运动技能，进而使这些技能发展成兴趣，使青少年成为懂门道、会欣赏、能参与的体育消费者。

（四）家庭、社区、校园体育模式并行发展

美国青少年运动员的培养路径是从家庭和社区开始，然后进入俱乐部和学校校队，最终进入大学校队参加美国大学体育协会（以下简称"NCAA"）举办的大学生联赛。大学体育可以说是美国培养体育精英非常重要的一环，是值得我们借鉴的培养模式。它既可以培养大学生运动员的精英级运动能力，也可以通过大学体育赛事凝聚全校师生和校友，并且让参与大学体育的经历变成大学生校园生活中珍贵而难忘的经历之一，有助于他们各方面的发展。

（五）科技科研助力东京奥运会，提升竞技体育水平

我国应更加重视科技在训练中的应用，与科技企业开展广泛合作。一是提高竞技水平。奥运会竞技水平越来越高，教练和运动员有时需要借助高科技来进一步提高成绩。二是将大数据、虚拟现实技术、人工智能、可穿戴技术等运用于训练，用高科技辅助训练。三是除了运动训练外，运动医疗领域的科研成果也可为运动员提供不少帮助，例如可穿戴技术能够使运动员随时

掌握自身生理状况，了解运动细节，为训练及受伤运动员康复提供帮助。

竞技体育是体育的重要组成部分，用高科技辅助培养优秀的运动选手夺取比赛胜利，是一种高效的必要手段。有研究表明，一个国家竞技体育发展水平能推动大众体育的发展，因为竞技体育能给予人们精神上的鼓舞，激发人们参与体育锻炼的热情。所以，在体育强国建设道路上，无论是国家竞技体育的强大，还是全民健身活动的广泛开展和体育产业的发展，都需要科研人员的积极参与和不断探索。

面对即将到来的2022年北京冬奥会以及各类国内外重大体育赛事，我们一定要牢记体育人的初心和使命，努力做到"三个结合"，即个人发展与国家战略相结合，理论知识与实际工作相结合，业务工作与行政工作相结合，苦练内功，提升素质，增长本领，用所学知识为我国的体育事业发展多做贡献，为实现中华民族伟大复兴的中国梦贡献自己的力量。

留学班开班合影

留学班毕业合影

与教师团队讨论问题

认真记录观摩内容

参观底特律红翼队训练现场及比赛场馆后合影

在驻地进行小组研讨

体能训练教学现场

学习成果
与培训总结

试析举重运动员的核心力量训练

湖南省举重运动管理中心　龙清泉

摘要： 举重运动员在实际训练过程中需要将力量训练作为核心开展一系列的训练活动，相关教练及运动员也必须高度重视力量训练。本文运用文献资料法、逻辑分析法等研究方法，从核心力量训练的基本概念和原理入手，结合举重运动的技术特征，阐述了举重运动员核心力量训练的常用方法和手段，以期为提高举重运动员的训练水平和竞技能力提供参考。

关键词： 举重运动员；核心力量；训练

当前，核心力量训练作为一种新兴的力量训练方法，受到了教练和相关体育工作者的广泛关注，但是由于各项目存在差异，训练方式各有不同，笔者在本文中主要结合自身多年的教学、训练经验，简要分析了一些举重项目的核心力量训练特征及方法。

举重是运动员在比赛过程中，将具有一定重量的杠铃采用双手托举的方式举过头顶，通过运动员举起杠铃的重量判断胜负的项目。举重运动是一项具有悠久历史的运动项目，包括挺举与抓举两种举重动作。在比赛过程中，运动员用两种动作举起杠铃的重量相加获得该项目的总成绩。根据举重项目的赛制，举重运动员需要在训练过程中开展核心力量训练，通过提升人体核心部分的力量，举重运动员可以更好地完成举重动作。举重运动员在进行力量训练时，应当针对核心力量开展训练，使肩关节至髋关节具备强大的力量，提高自身身体素质。在不断探究训练方法的过程中，我国举重运动员已经在原有基础上取得了较为明显的进步，但还是存在一定的不足。实现对核心力量的科学训练是弥补上述不足的重要手段，因此，在实际训练过程中必须最大限度地利用科学方法进行训练，这可在一定程度上帮助运动员获得理想的成绩，同时降低运动损伤的发生率。

一、核心力量相关概念界定

（一）"核心"的区域

要厘清"核心力量"的概念，就必须对"核心"的区域有清晰的了解。目前，诸多学者从不同的角度出发，对其内涵和外延做了不同的界定。本文在借鉴诸多研究成果的基础上，加入了笔者自己的认知，初步得出以下三点认识：第一，核心区域是膈肌至盆底肌之间的区域，也就是"腰椎—骨盆—髋关节"等共同形成的关节组织联合体，包括附骨骼、肌腱、肌肉与韧带等组织，而"核心"即为核心区域的简称；第二，从解剖学角度来看，核心区域是指以"脊柱—骨盆—髋关节"为主体的人体"中央"部位，包括周边肌肉组织、肌腱及韧带结缔组织；第三，从训练学角度来看，核心侧重人体运动链上起关键作用的环节，包括"腰椎盆髋区"以及运动链末端的核心区。

（二）"核心力量"的界定

基于以上分析，可以认为：核心力量是指人体核心区域的关节、肌肉、韧带等不同组织在神经控制下传导整合的肌肉收缩力量，是核心肌群在维持身体姿势稳定和调整重心、释放和传输力量的基础上，以提高神经调控能力、整体协调能力和本体感觉能力等为主要目的而表现出来的力量能力，也是竞技性项目中完成动作的直接力量和能量源泉，具有维持躯体平衡、稳定重心、传递运动能量的功能。

（三）"核心肌肉群"的界定

与"核心"和"核心力量"相关的一个重要概念是"核心肌肉群"，这是一个整体概念，从不同的角度出发，可以对"核心肌肉群"做出不同的界定。

第一，从解剖学的角度来看，将肌肉起点、止点或起止点位于核心区域内的肌肉群一并称为"核心肌肉群"，包括起于胸中部、止于大腿中部的人体矢状面、额状面（冠状面）等不同层面、不同位置的可以调整、控制人体重心，从而维持躯干平衡和稳定的肌肉的总称。

第二，按照功能区分，核心肌肉群可以细分为整体原动肌与局部稳定肌两个亚类。其中，前者主要包括竖脊肌、髂腰肌、股四头肌和股后肌群等浅层运动性大肌群；后者则主要包括多裂肌、回旋肌、棘间肌、横突间肌等深层稳定性小肌群。根据这种逻辑，结合人体解剖学和运动解剖学知识可以进一步得知，核心区肌肉群基本囊括了腹部、背部、大腿、盆底肌等41对肌肉群以及1块膈肌。其中，有11对肌肉群和1块膈肌的起止点均位于核心区域，29对肌肉群的起点均位于核心区，1对腹外斜肌的止点位于核心区。进一步扩展来看，整个"核心柱"包括55对肌肉和1块膈肌，主要分布于胸部、腹部、背部、臀部、大腿部以及盆底。

第三，按照人体解剖位置关系的不同，核心肌肉群可以分为整体肌肉和局部肌肉两大部分。前者包括位于身体浅表的竖脊肌、臀大肌等长肌，负责连接胸廓和骨盆，并对脊柱的运动和方向进行控制。后者包括起于脊柱或分布于脊柱深层的多裂肌和椎旁肌等肌肉，负责对脊柱的弯曲进行调控，负责维持腰椎的稳定性，且其在收缩时很少造成肌肉长度及运动幅度的变化。

第四，核心肌肉群的其他重要组成。

（1）腹横肌。除了上面的部分，核心肌肉群还有一个重要的组成部分——腹横肌。腹横肌能够产生向外的张力，横向围绕腰椎，使腹内压增强对抗外力的作用，并使腰椎稳定性增强，从而提高核心稳定性。另外，位于腰椎骨旁边、棘突两侧和腰背筋膜内侧的多裂肌，通过其强直收缩，能够提高脊柱椎体之间的稳定性，保证第一腰椎直至第五腰椎的紧密连接和协调、灵活工作，并精细分配腰椎所承受的压力。在运动中多裂肌能产生较大的收缩力，承担各种作用于腰部的力量。

（2）腰方肌。它是核心肌肉群中的重要成员，对维持腰椎的稳定有重要作用，通过等长收缩，腰方肌可以加强呼吸，提高腹内压；还可以维持额状面和矢状面上脊柱的稳定性。概括来说，核心肌肉群的收缩至少有两方面的作用：第一，维持核心区稳定；第二，主动参与躯体的运动。

二、核心力量训练的意义和作用

目前核心力量训练已经运用到了所有的运动项目中，体育运动都是以躯干的中心肌肉群为核心的，强健的核心肌肉群能对运动技能、身体姿势和专项技术动作起到支撑和稳定的作用，对于提高运动成绩、发掘人体潜能有着推动作用。

我们都知道，任何体育竞技项目的动作都不是依靠单一的肌肉完成的，需要大量的肌肉群来辅助协调。核心肌肉群在整个过程中起到稳定中心、保持身体平稳和主要发力等作用，是身体各部位协同工作的重要枢纽。

（1）核心力量能够稳定脊椎和骨盆。身体躯干的核心区域就像连接身体上下部分的桥梁，不仅会影响身体其他部位的动作，还能够控制躯干的姿势，其重要性不言而喻。加强核心控制力的训练，可以增强脊椎和骨盆的稳定性，确保肢体旋转能力增强，保证高技术动作的顺利完成。

（2）核心力量的增强能够改善身体的控制力和平衡性。举重运动员做任何动作都必须有极强的控制力和平衡性，只有保证核心肌肉群在整个过程中起到稳定作用才能在运动中实现各部位的平衡。

（3）核心力量的增强能够提高身体的力量输出。我们知道，举重项目需要极强的臂力及腰腹力量，当躯干发力时，核心肌肉群能够从躯干向身体的各个部位实现指导作用。核心部位的肌肉最多，是力量和能量的主要产生地。在举重运动中，看似是手臂和腰腹在发力，实际上它们的主要力量来源于核心肌肉群。实验证明，拥有较强的核心力量，身体其他部位的力量也会较强，这一结论充分说明了核心力量的重要性。

（4）核心力量的增强能够提高身体各部位的协调性。身体有强大的力量做基础，躯干的稳定性必然会加强，四肢的应力就会减小，身体各部位的协调性就会增加。举重运动看似只与四肢有关，但实际上每个基本动作都需要极强的协调性，它对力量和协调性的要求很高，也只有实现了身体各个部位的协调配合，才能够将各个动作完成到位，力量的释放才会最大化。

（5）核心力量的增强能够降低力量消耗。举重运动主要依靠瞬间的爆发力，在比赛中如果不能够合理运用和分配力量，比赛进行到后期便会因为没有能量而使爆发力减弱。由于核心力量能够协调身体和保持身体平衡，避免一些不必要的能量损耗，所以在需要充分发力的瞬间会增强爆发力，保持举重成绩的相对稳定。

（6）核心力量的增强能够保护身体机能，避免受伤。举重运动需要极强的瞬间爆发力，非常容易受伤，强有力的核心肌肉群能够使躯体在运动中始终保持正确的位置，深层的小肌肉的稳定性能够在关键时刻起到保护作用，避免运动损伤的发生。在举重运动中，如果核心部位失去稳定功能，躯干就会失去平衡，运动员很容易受伤。

三、举重运动员核心力量的训练方法和手段

（一）举重的技术特征分析

举重的技术特征突出表现为向上用力和向下配合，用力特点是伸膝肌、伸髋肌、肩带肌、屈肘肌群和小腿屈足肌群爆发性用力收缩，完成快速蹬腿、伸髋、伸展躯干、耸肩、提肘和提踵动作，再上拉杠铃。全部动作必须瞬间完成，使肌肉用力集中协调。所以，举重是一个以全身性训练动作为主的实用性项目，很少会用到单一的训练动作，无论是挺举或抓举，还是前蹲、后蹲、下蹲翻、窄拉、宽拉等动作，概莫能外。这种以全身性动作训练为主的训练方式，更容易促成力量增长。

（二）举重运动员核心力量的训练方法和手段

因为核心力量训练是针对核心肌肉群及其深层的小肌群所进行的力量、稳定性、平衡能力等方面的综合训练，所以，在不同的训练时期，其目标和任务有所区别。其中，核心力量训练的前期以稳定性训练为主，以提升身体对中心的控制为主要目的，注重整体协调，保证核心肌肉群能够有效地稳定躯体、传输能量；在中后期，则主要突出整体力量的增长。

时下，核心力量的训练体系包括稳定状态下的核心力量训练和非稳定状态下的核心力量训练两种，现将其初步梳理如下。

1. 稳定状态下的核心力量训练

（1）静力性核心力量训练。在核心力量训练的初始时期，静力性力量训练运用较多，其目的是使受训人员体验核心肌肉群用力的感觉，学会有效地管控身体。这类练习一般包括仰卧状态下的屈膝挺髋、侧卧状态下的单臂肘撑、俯卧状态下的肘撑等，动作简单而富有实效。

静力性核心力量训练的基本要求：练习20~30秒/组×（3~5）组，要求身体姿态和动作准确到位，与呼吸有机配合。能力提高以后，可采用增加静力时间或减少支撑面、打破平衡等手段，增加难度，获得新的提高。

（2）动力性核心力量训练，即在静力性核心训练基础上，增加练习难度，改变动作形式，将静力性动作改变为动力性动作。例如，由之前的双脚（臂）调整为单脚（臂），空闲肢体加做其他动作，如跪撑式四肢交叉伸展、仰卧单腿单臂异侧向上摆动等，以提高运动员身体的核心稳定性。

动力性核心力量训练的基本要求：维持身体姿势和躯干位置的稳定，练习8~10次/组×（3~5）组。该训练的目的主要是提高运动员的身体稳定性。只有稳定性提高，才能保证身体的其他部位密切配合，使核心力量均匀地传输到需要发力的部位，保证运动员拥有较强的瞬间爆发力。因此，在举重运动员的核心力量训练中，要重视稳定条件下的动力性训练。

2. 非稳定状态下的核心力量练习

非稳定状态下的核心力量练习由运动员自己调整非稳定的身体状态，有效唤醒和激活躯干深层肌肉共同参与运动。同时，在动作中正确控制躯体，自始至终保持正确的运动姿态。其关键是使身体处于一种非平衡、非稳定的运动器械上，如在瑞士球或平衡球上进行训练。运动员徒手站立于平衡球上，两腿开立稍宽于肩，做双脚或单脚的蹲起练习；注意与呼吸的配合，呼气时向下蹲，吸气时站起。

非稳定状态下的核心力量训练的基本要求：运动员站立在一个平衡盘上，脊柱始终处于中立位，无转体或屈髋动作，练习8~12次/组×（3~5）组。练习初始阶段，由于身体重心难以控制，可由教练在旁边加以保护，直至运动员能单独完成动作。这种训练对抓举、挺举支撑的控制调节作用较好。随着能力的提高，还可以增加平衡盘，如双脚各踩一个平衡盘进行训练；另外，也可做瑞士球上的支撑练习。

非稳定条件下的训练，运动员需要通过自身的调整来改变不稳定状态，使身体保持稳定，可促使运动员的深层肌肉参与核心力量的训练，并且在整个运动的过程中，使运动员始终保持正确的姿势。该训练方法能进一步提升举重运动员的平衡能力和对身体的控制能力，从而使运动员在举重过程中能够在保持正确姿势的同时保证良好的身体稳定性。

（三）合理安排运动员核心力量训练内容

举重运动属于对运动员的损耗运动，教练在组织运动员进行核心力量训练时，应当合理安排运动员的训练内容与训练时间，使运动员能够通过训练掌握专业技能，避免运动员过度训练造成身体损耗。根据举重运动员的实际训练情况，应主要针对其上肢、腰部与下肢进行力量训练，其中举重运动员的腰部与下肢训练尤为重要。故教练在制订训练计划时，应当将重点放在腰部与下肢的训练上，可以按上肢、腰部、下肢以2：4：4的比例进行核心力量训练。核心力量训练应以动力性训练为主，结合适当的静力性训练内容，通过合理安排运动员的训练时间，最大限度地避免运动员在训练过程中出现运动损伤。教练合理安排并落实运动员核心力量训练内容，可以提高举重运动员的专业能力，保证运动员能够在适当的训练中掌握技术动作。

四、举重运动员进行核心力量训练时应注意的问题

（一）核心力量训练应该遵循循序渐进、持之以恒的原则

在核心力量训练中，训练内容必须要从易到难，训练量要从小到大，训练的强度要从弱到强，训练的时间要从短到长。无论运动员水平高低，都必须按照难度等级递增的原则进行训练，也只有保持运动量的逐渐增加，才能够使运动员身体的各项机能不断提升。如果总是保持训练强度不变，那么运动员在适应了这个强度之后，在这个强度下进行相同的训练对身体各项能力的提高就会受限，必须要逐渐加大训练量；但是如果过于追求效果，开始阶段的训练量很大，很容易使运动员受伤。因此，从训练效果和训练方法来看，核心力量训练必须要循序渐进、持之以恒。

（二）要选择合理的训练方法和手段

进行任何训练都是为了提高专项成绩，训练中要使用和专项内容紧密联系的训练方法，在提高和改善身体机能的同时实现核心力量的提升。举重运动的特殊性，要求举重运动员必须对动作技术的用力大小和方向有极强的控制能力和感知力，以应对运动中不断变化的力量，这需要提高运动员的核心力量，加强支撑位置的控制和协调能力。核心力量的增强对于举重过程中发力效果的改善作用极大。

五、结语

只有使用专项的、合理的运动训练，才能有效地提升自身肌肉群的协调性及爆发力。举重是竞技体育项目中以发展肌肉力量为主且技术性很强的竞技体育运动，教练应当更加清晰地理解发展核心力量训练的手段，采用更科学、更系统的训练方法，并在实际训练中逐渐加以应用。

参考文献

[1] 陈聪. 提高基础举重训练下蹲支撑稳定性的方法探析 [J]. 当代体育科技, 2019, 9（26）：59, 61.

[2] 陈聪. 浅析青少年举重运动员的力量训练 [J]. 当代体育科技, 2019, 9（25）：69, 71.

[3] 李雅婷. 我国优秀举重运动员损伤特征与预防措施研究 [J]. 当代体育科技, 2019, 9（24）：32, 34.

[4] 刘宇. 论举重运动员的核心力量训练 [J]. 当代体育科技, 2019, 9（22）：38-39.

[5] 张国政. 女子举重运动员的运动损伤及预防 [J]. 当代体育科技, 2019, 9（21）：35, 37.

[6] 陆云霞. 如何提高举重运动的力量训练效果 [J]. 体育世界（学术版）, 2018（8）：3, 2.

[7] 刘海霞. 论举重运动员的核心力量训练 [J]. 当代体育科技, 2018, 8（17）：46-47.

[8] 刘海霞. 探究青少年举重运动员力量训练 [J]. 当代体育科技, 2018, 8（16）：245-246.

[9] 洪永红. 我国举重运动现状与训练优化 [J]. 当代体育科技, 2018, 8（14）：238-239.

[10] 陆云霞. 举重运动爆发力训练的特点及方法分析 [J]. 当代体育科技, 2018, 8（14）：31-32.

美国大学体育协会对中国高校游泳项目发展的启示

中国地质大学　赵　菁
成都体育学院　邹逸然

摘要：本文采用文献资料法、调查法、逻辑分析法，以美国大学体育协会（以下简称"NCAA"）为研究对象，探究其对中国高校游泳项目发展的启示。通过对NCAA体系的组织特性、联盟制度与政策、管理理念与构架、运动员的学习和训练管理、教练的资格与管理、商业运作模式与绩效等方面的分析，得出如下结论：我国高校应进一步加强游泳项目发展的顶层设计，加强对高校游泳教练的培养，转变高校游泳项目的运作模式，改革高校游泳运动员招募与管理机制，以便更好地在高校培养出世界级选手。

关键词：美国大学体育协会；高校游泳项目；运作模式

NCAA 以其完善的商业运作体系，管理并带领美国1200多所高校的高水平竞技运动项目多次取得佳绩。数据表明，在2016年里约奥运会上，参赛的美国运动员有74%来自美国130所不同的大学，因此，美国高校的高水平运动队可称得上是孕育竞技体育运动员的摇篮。在 NCAA 的管理体制下，游泳项目是美国各大综合类院校重点建设的项目，其中以斯坦福大学游泳队队员为代表的高校游泳运动员是历届奥运会游泳项目金牌的有力竞争者。在里约奥运会上，斯坦福大学的运动员共获得14枚金牌、7枚银牌、6枚铜牌，获得的金牌和奖牌总数居于美国各大学之首。笔者拟通过对 NCAA 的管理理念与组织结构、赛场文化建设、商业运作模式、学生文化学习管理等方面进行分析，探究其对我国高校游泳项目发展的启示。

一、研究对象与方法

（一）研究对象

本文以 NCAA 为研究对象，探究其对我国高校游泳项目发展的启示。

（二）研究方法

1. 文献资料法

通过 NCAA 官网、太平洋十二校联盟（以下简称"Pac-12联盟"）官网，查阅 NCAA、Pac-12 联盟校际竞技体育相关资料；查阅美国大学竞技体育文献资料；查阅中国知网（CNKI）和相关书籍、报纸中关于 NCAA 的研究成果，了解 NCAA 的管理理念与组织结构、赛场文化建设、商业运作模式、学生文化学习管理等方面的信息，为主题研究提供详细的资料。

2. 调查法

通过电话、电子邮件等形式调查至少 10 位美国高校访问学者及 Pac-12 联盟高级经理等专业人士，了解 NCAA 最新管理动态，为对比分析、逻辑分析提供部分研究素材。

3. 逻辑分析法

通过调查和分析，进行逻辑推理，提出我国高校游泳项目的改进措施，对制度安排、教练培养、运作模式等方面进行分析、阐述。

二、研究结果

（一）NCAA简介

总体而言，美国是通过 NCAA、NAIA（美国校际体育联合会）和 NJCAA（美国专科大学运动联合会）等体育团体、体育协会来管理、控制和协调高校体育运动竞赛的运行和发展的。其中，NCAA 是目前美国高校体育运动竞赛最主要的管理机构，其前身是 1906 年 3 月创建的美国校际体育协会。NCAA 总部设于印第安纳波利斯，其主管学校以四年制大学为主。NCAA 的会员分为三个等级，分别是第一级、第二级和第三级，其中第一、第二级的学校可以发放体育奖学金，第三级学校则不能发放体育奖学金。相应地，各种比赛也分为三个级别。一般所谓的 NCAA，通常是指第一级实力较强的 300 多所院校，如我们平常说的 NCAA 篮球，就是指美国第一级大学篮球赛。NCAA 第一级下辖的300多所大学又各自组成不同的联盟，大约有30个联盟，再加上几所比较著名的有 Big East（大东联盟）、ACC（大西洋海岸联盟）、Big 10（十大联盟）、Big 12（12大联盟）、SEC（东南联盟）和 Pac-12 联盟等。经过100多年的改革，NCAA 已经成为一个组织结构完善、规章制度健全、运行机制畅通的社会体育团体。它的基本宗旨是将校际竞技体育竞赛真正纳入高等教育体系并使之成为高等教育整体规划的一部分，使学生运动员真正成为学生会的成员，从而在高校体育运动和职业体育运动之间划清界限。

（二）NCAA体系探析

1. NCAA的组织特性

（1）非营利性是非营利组织的首要特征，是其区别于企业的根本属性。NCAA 的宗旨是促进比赛在公平、安全、公正的前提下竞争，促进崇高运动精神的培养，提升大学生运动员的教育和学术水平，使大学竞技体育更好地融入美国高等教育体系。在大学校长、协会主席对大学体育的领导下，尽量实现竞技体育和大学的融合，以保障大学竞技体育在坚持业余性的理念下，实现竞技体育宗旨和大学发展宗旨的最大契合，这种宗旨具有鲜明的非营利性。显而易见的是，大学体育与职业体育的一大差异就是非营利性。大学体育的发展聚焦于大学生运动员、校际公共关系、资金募集和学生身体素质提升等。

（2）非营利组织和政府组织、企业组织的主要差别就是非营利组织的公益性定位。NCAA 的公益性表现在如下几个方面：第一，NCAA 以美国高等教育内部环境为依托，通过建立完备的组织机构，制定有效的规章制度，提供一定数量的奖学金，为文化达到一定标准并具有运动天分的大学生运动员提供一个良好的发展文化教育的平台，使这些大学生运动员在发挥自身才能的同时充分提升个人素质；第二，NCAA 通过学生运动员的积极参与，制造有特色、有吸引力的运动竞赛产品，在大学校园中建立影响，活跃大学文化，培养学生积极向上的生活热情；第三，通过培养在校大学生运动员参与体育的意识和终身体育思想，推崇积极、健康的生活方式，培养美国国民的终身体育意识，为美国竞技体育的健康发展做出积极贡献；第四，NCAA 通过提供有个性的、高品质的竞赛产品满足大众对竞赛产品的娱乐需要；第五，美国大学竞技体育通过对优良竞赛产品的商业化运作活跃了美国体育产业市场。

（3）NCAA具有非政府性。非营利组织不是政府的附属机构，组织的决策和行为不受政府机构的控制。NCAA的非政府性具体表现为：首先，从人员构成来说，NCAA的管理人员主要是职业体育管理人士、学校老师、学校管理人员、校友及作为志愿者的学生，这些工作人员的招聘、任免、报酬的支付等都不受州政府和联邦政府的直接干预；其次，从NCAA组织行为方式来看，除了违反相关的组织规范，NCAA成员单位的进入和退出都基于自愿的原则，不像政府那样具有强制力；最后，NCAA三个级别在经费来源上有所差异，第一级学校的经费主要依靠门票、电视转播等商业收入以及捐赠收入，而第二级和第三级则主要依靠学校资助、学生缴纳运动费用、社会捐赠等维持正常的活动。

（4）NCAA具有自治性。NCAA自1952年发展成为具有一定控制力的组织以来，逐步通过完善组织机构和制定多方面的规章制度来实施独立管理，强化独立的决策权和执行权。NCAA组织机构设置、内部治理机构和治理机制建设等都按照组织制定的各种规章制度严格实施，不受政府和其他利益相关组织、校友组织、捐赠团体和个人的干预。捐赠团体和个人在实施捐款和其他相关的活动之后，只能按照相关规定对捐赠部分利用情况进行相应地监督，政府也只能按照相关的法律制度对大学竞技体育的运行进行宏观监督，从而保持了大学竞技体育运行的相对独立。

2. NCAA制度与政策剖析

NCAA对Pac-12联盟高校的高水平运动队做了严格的制度安排，并在每个高校派驻监督员进行监督。这些制度安排包括大学生运动员的身份界定、运动员道德准则、比赛的业余性、招募新队员的办法、奖学金和助学金的分配、比赛与训练时间的规定等。此外，美国高校几乎所有的体育运动项目都向女性开放，女性参与运动的比例大大增加。在大学里，为鼓励高水平女运动员参加校队选拔，除橄榄球队以外，女运动员获得奖学金的比例都要高于男运动员。

3. NCAA的管理理念和管理机构

调查结果表明，NCAA的管理理念是以持久不变的道德标准来引导和管理一个组织，以公正、公平、安全可靠、光明正大的体育道德为准则管理各项运动竞赛，同时最重要的是让所有参加高校校际运动竞赛的运动员不断地向更高的运动训练水平迈进。NCAA 规定，凡是受其管理的高校都必须遵循协会的章程。其基本理念便是要让高校之间的校际体育运动竞赛真正成为高等教育的一个重要组成部分，而大学生运动员也必须成为学生组织的一员，这样高校校际竞技体育比赛就与职业体育比赛区分开来了，这是 NCAA 贯彻业余体育竞赛的一个基本原则。

NCAA 由 120 多个委员会组成，其组织机构设置和各机构间的隶属关系见 NCAA 管理机构图。（图 1）

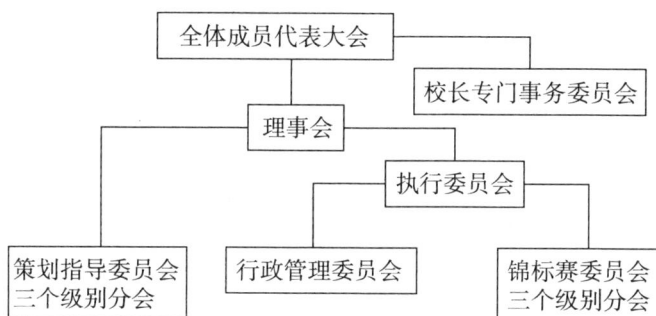

图1　NCAA管理机构图

NCAA 通过每年的会员代表大会来选举和通过有关规范性文件和人事任免方案，每个正式会员和团体会员都有表决权。NCAA 组织管理机构中的理事会组成成员是通过一级分会、二级分会、三级分会选举或推举出来的会员学校，理事会的一个重要职责就是制定和修订协会的各项管理规章制度（必须获得年代表大会 3/4 以上会员的赞同票才能通过）；NCAA 校长专门事务委员会的所有委员必须是各个会员学校的校长或行政长官，其主要职责就是审查协会的各项活动，向当年代表大会直接提出规定制定方案，确定次年代表大会议事日程中最终相关规定提案的顺序，批准协会各个管理委员会的行政主任的任命。

4.NCAA大学生运动员的学习与管理

要想进入 NCAA 成为大学生运动员，必须要满足要以下条件：第一，必须是高中毕业生；第二，必须修完高中期间的必修课程和核心课程并且成绩合格；第三，大学入学考试分数必须达到最低标准。如果运动员达不到上述要求，无论运动水平有多高，也不会被录取。

NCAA 认为，大学以教育为主要目的，运动员应以受教育为主要目标，

"大学生运动员"意味着其"学生"的职责是第一位的，他们应该把学业放在首位；NCAA要求大学生运动员的学习成绩必须达到最低要求，并在第六学期完成所有的专业课程学习。高校间的竞技体育是高校教育计划的一个重要组成部分，参加体育竞赛只是大学教育经历的一个组成部分。NCAA不允许大学生运动员把运动员身份作为获胜的工具，要求学校必须保护运动员的身心健康，通过学习管理政策的制定和公平实施来保证运动员学业的完成。

大学生运动员的学习与训练、比赛的矛盾是普遍存在的。NCAA为此制定了严格的规章制度，参加比赛的运动员必须是在校的全日制大学生，每学期必须修得12个学分，且每学期学习成绩必须达到全体学生成绩的平均值。大学生运动员的毕业率必须与全校学生的毕业率相一致，否则将失去参赛资格。因此，美国高校均实行学分制，必修课程比较少，有大量的选修课，这样机动性和灵活性很大，同时在学习年限上不受限制，从而保证大学生运动员都能毕业。

5. NCAA大学生运动员的训练与比赛

调查结果显示，美国高校游泳队每年围绕比赛任务而制订计划，NCAA游泳比赛的时间是每年的9月底至次年的3月底。NCAA高校运动队的运动训练时间，每天控制在4小时以下，每周不得超过20小时。但是许多大学生运动员想借助大学训练的途径迈向职业比赛，会自觉利用隐性的时间训练，因此，实际上大学生运动员在校期间的大部分课余时间都用在了训练上。赛季平均每周训练50小时，非赛季平均每周训练18小时，每周训练6次，平均每年训练2200小时。按工作日每天8小时算，合275个工作日。这样大的训练强度与职业队相差无几，从而造就了高水平的竞技运动队。

6. 美国高校运动队教练的资格与管理

调查发现，美国高校对教练实施聘任制，聘任合同一般没有任期。教练分专职和兼职两类，甲级大学和乙级大学的教练，90%都是专职教练，人选的学历和职称并不被十分看重，重要的是有较丰富的工作实践经验，能为学校争得荣誉，培养出一流的运动员，并向职业队输送人才。NCAA有完善的聘任制度，教练有良好的待遇，因此，教练能全身心投入工作，努力提高训练水平，使运动队在比赛中获得好成绩。

7. NCAA的商业运作模式与绩效

NCAA虽然是一个非营利的主管全美高校校际竞赛的组织，却创造了盈利丰厚的奇迹。经过多年的发展，NCAA竞赛已成为美国收视率最高的电视节目之一。最受关注的是橄榄球、篮球、棒球和冰球比赛，获得这4项的大满贯是每个学校追逐的目标。

《体育商业周刊》2016年数据显示，美国高校体育市场规模已达160亿美元，仅赛事转播权一项，NCAA竞赛就为各体育联盟及成员高校带来12.3亿美元的收入。NCAA官网2016年公布的财报显示，"疯狂三月"2015年收入约为9.9亿美元，2016年收入已超过10亿美元，连续15年增长，并获得8000万美元的现金盈余。收入由5大部分组成：电视转播收入约7.7亿美元、广告收入约2.1亿美元、门票收入约1.2亿美元、各类商品销售收入2154.2万美元、各种捐赠690.5万美元。被视为"全美第一运动联盟"的职业橄榄球大联盟（NFL），季后赛电视广告收入不过约9.8亿美元，然而美国ESPN电视台以每年5亿美元的价格与NCAA签下了长达12年的橄榄球季后赛转播合同。据全球行业研究在线数据库的调查，2014年美国体育产业增加值为4850亿美元，2015年这一增加值增长到了5000亿美元，占国民生产总值的3.1%，户外运动产业增加值为1600亿美元，占体育总产业的42.2%。

8. Pac-12联盟高校案例解析

调查结果显示，由斯坦福大学、加州大学伯克利分校、南加州大学等领衔的Pac-12联盟素有"冠军联盟"的美誉。以游泳项目来说，拥有世界泳坛著名教练——鲍勃·鲍曼（美国著名游泳运动员菲尔普斯的教练）的ASU（亚利桑那州立大学）游泳队就是联盟中首屈一指的典范。

（1）ASU游泳队训练内容安排。每个训练计划游泳总量为6000~6500米，基本上分热身练习、准备练习、主强度和放松四个部分。训练量和训练强度的安排则按每周两个低、中、高强度循环，具体可分为颜色分组计划、积极恢复型计划和高强度训练计划三种。颜色分组计划强度相对略低，单个训练计划中主强度由低到高又分为白色、粉色和红色三个要求，可以进行分组设定，灵活照顾具体某一名或一组队员。积极恢复型计划则为第二天的高强度训练打下了体能基础，会穿插大量打腿、划手掌、呼吸管、技术分解游等练习，主强度则偏向50米、100米的快慢间歇性练习。高强度训练计划普遍用25码（1码≈0.914米）距离，基本保持6500米左右的练习总量，主强度为15~20个50~100码短距离尽力游，记录每一次的冲刺成绩。主强度后多会安排10个100码次强度练习，让大学生运动员主动恢复，降低心率水平，逐渐放松。

ASU游泳队通常借鉴普拉提或瑜伽的练习方法完成陆上热身练习。每次正式下水训练前，ASU游泳队队员都提前20~30分钟到游泳馆，换好衣服后就开始坐在地上用一根泡沫轴进行陆上热身练习。先小腿后部，再大腿后部；接着小腿前侧、大腿前侧、大腿外侧、大腿内侧、背部、腰部和臀大肌；最后是背阔肌、竖脊肌。教练团队认为全套泡沫轴练习可以有效拉伸肌肉，在下水前充分唤醒队员的身体，能更好地做到全身动员。另外，基于非赛季练习单元的特别安排，用特别设计的热身练习方法可以有效提升队员的敏捷度，既可以完成练习目标，又可以活跃锻炼氛围。

（2）ASU游泳队力量训练安排。ASU建有专门的高水平运动中心力量训练房，设施完善、功能齐全。ASU游泳队队员在赛季训练周期里，每周安排3个小时的力量训练，分别安排在周二、周四下午4时的水上训练课结束后和周六上午9时的水上训练结束后，每次力量训练1个小时左右。每周二下午第一次参加力量训练时，全体队员会拿到本周的训练计划，侧重点分别为：周二注重下肢力量练习，周四注重核心力量练习，周六则注重上肢力量练习。每一个练习动作均是专职的力量练习教练为ASU游泳队队员专门设计的。总体指导思想是发展游泳运动员的专项绝对力量，提升全身协调能力和敏捷度。很多体能教练认为，青少年游泳运动员发展力量的最佳时期为16岁及以上，年龄越小，介入专门的力量练习越容易受伤，可以用正常的运动项目技术练习来自然发展青少年的力量素质。

（3）ASU运动营养与运动医疗服务。对于ASU高水平运动队队员的伤病康复，ASU运动系为学校所有高水平运动队组建了专业的运动医疗服务团队。除专业医师外，运动损伤防护师、物理治疗师、医师助理、营养师、牙医、按摩师、体能教练等均是为ASU高水平运动队队员健康保驾护航的专业人士，他们和运动队主教练一起，为建设高水平校队而努力。ASU运动医疗服务团队为运动员提供运动损伤防治、损伤认识和评估、赛场运动损伤紧急处理（心脏骤停）、运动损伤治疗、康复和调整、医疗保健的管理等全方位服务。

三、NCAA带来的启示

（一）做好高校游泳项目发展的顶层设计

借鉴NCAA的组织机构设置模式，教育部有关部门应做好高校游泳项目发展的顶层设计。比如，可以设立校长事务委员会，这样可以保证在规范制定和实际管理上充分反映各个参赛高校的意见，同时也加强了各高校对校际体育竞赛活动的关心和支持。

（二）加强高校游泳教练的培养

游泳教练是发展高校游泳项目的关键因素。因此，应拓宽高校游泳教练的多元培养路径，采用"请进来、走出去"的多元方式加强培养力度，这是提升高校游泳教练综合素养的根本途径。

（三）转变高校游泳项目的运作模式

各省、区、市高校牵头，以场馆互动为抓手，带动完善小学、初中、高中等青少年学生的游泳训练和竞赛体系，总体提升游泳参与人口数量。组织青少年俱乐部分级游泳赛事，让更多具有良好游泳天赋的游泳运动员更好地展示自己，找到游泳训练的乐趣。相应部门或组织应着手进行高校游泳竞赛制度的改革，让更多的学生能加入游泳训练和竞赛的队伍。游泳不能只是少数学生的竞技场，而应该是全民参与的一项益智益体的项目。要通过赛制的改革，让更多的大学生参与游泳这项运动，让他们有更多的机会参与各类游泳赛事。

（四）改革高校游泳运动员招募与管理机制

我国高校高水平运动队的利益相关者要提升对大学生运动员文化学习的重视程度，要认识到大学生运动员的身份首先是学生，应以完成学业为首要任务，在学业的要求上与其他学生没有任何差别。运动员参与训练和竞赛只是教育的一种特殊形式，其与运动员文化学习之间的矛盾需要通过其他方式来解决，而不是降低文化要求。我国要加强对大学高水平运动员招生过程的管理，要设立全国性的专门机构负责高水平运动员招生的资格审核，通过建立全国性的网络平台对运动员的资格进行审核认证并提供信息咨询；要根据高中新课程改革的要求统一制定运动员文化要求的资格标准，运动成绩的资格标准除了田径、游泳等能够统一测量的项目采取国家运动员等级技术标准以外，对其他通过竞赛成绩认证等级运动员资格的项目，可以采取让学生运动员参加教育部门指定的竞赛取得的运动成绩、获取资格的办法。应通过这样的方式建立整个教育系统的运动竞赛体系，从而实现促进学校竞技体育发展的目的。

参考文献

[1] 秦海权，李瑞杰."双一流"建设背景下高校体育发展战略思考[J].体育文化导刊，2018（8）：130–135.

[2] 凌平.中美高校大学生体育运动竞赛管理体制的比较[J].体育与科学，2001（3）：5–7.

[3] 袁莉萍.美国大学体育赛事营销传播的审视与思考[J].体育与科学，2010，31（4）：65–68.

[4] 李丹阳，龙斌.美国大学竞技体育联合会的组织性质及其异化[J].体育文化导刊，2013（3）：102–105.

[5] 陆孝光.美国全国大学校际运动竞赛联合会开展现状对中国的启示[J].沈阳体育学院学报，2008（2）：96–98，102.

[6] 宋振镇.从CUBA与NCAA的比较谈高校高水平运动队的发展对策[J].上海体育学院学报，2003（5）：59–60，62.

[7] 王永盛，王超.美国大学竞技体育强势发展的三大因素解析[J].北京体育大学学报，2017，40（9）：1–8.

关于青少年田径运动员热身训练的建议

山东省田径运动管理中心　黄潇潇

摘要： 热身活动又被称作准备活动，是训练和参赛过程中十分重要的一个环节，在传统理念中被认为是帮助运动员在短期训练任务即每堂训练课或赛前从静止达到最佳运动状态的运动过程。其作用为提高肌肉温度，调动并协调机体各方面的机能，参与即将进行的训练内容与比赛。同时，优质的热身活动也具备预防伤病的功能。RAMP热身理念在美国推广发展已有十年之久，该理念在传统热身理念的基础上针对运动项目的需求，又从生理及心理等各方面对其功能进行了深入的研究。RAMP热身理念由四个不同功能的部分组成，使其既能够有效且高质量地达到传统热身活动的效果，又能够使受训者在长期使用后得到更为平衡的发展。通过对相关内容的阅读与学习，笔者认为RAMP热身理念不仅对成年运动员的训练与参赛起到了功能性改变的作用，而且对青少年运动员的全面长期发展也至关重要。因此，本文根据青少年运动员长期发展的特点与需求，结合我国青少年田径运动员热身训练的现状，通过文献资料法、专家访谈法、逻辑分析法等研究方法对我国青少年田径运动员的热身活动提出了几点建议。

关键词： 青少年运动员；田径；热身训练；RAMP热身理念

一、研究背景

众多资料显示，绝大多数从业者都对各项目的项目规律、技战术、体能方面的训练方法与手段进行过不少的研究、实践与总结，但对热身活动的研究却鲜有创新，其原因在于热身活动作为必不可少但不具备决定性因素的环节容易被忽视。青少年运动员的训练和参赛年限较短，人们往往把他们的不佳表现归结于专项能力不够强、对项目认识不够深、心智不够成熟等。青少年运动员的运动强度偏低，所以与成年运动员相比，他们在训练及参赛过程中出现的疲劳积累或重大伤病的情况较少。因此，青少年运动员热身活动的质量很难引起人们足够的重视。

同时，热身活动所具备的多样性功能也一直未被创新。关于热身活动的功能，传统理念认为其意义是为短期、单次任务提高肌肉温度，同时调动并协调机体各方面机能，是为参与即将进行的训练与比赛而进行的身体活动；同时，也能够降低训练及比赛中出现伤病的风险。笔者认为，目前美国较为流行的 RAMP 热身理念在传统理念的基础上，通过把四个不同部分结合运用，不仅实现了热身活动的短期目标，而且四个部分的可变性与相互作用对运动员的长期发展也具有积极的意义。在青少年运动员的长期发展模式中，如果能把 RAMP 热身对运动员发展的长效作用科学运用并加以创新，那意义将不仅是积极的，而且是更为全面和高效的。

近些年，通过"走出去、请进来"的方式，我国的田径教练了解、学习了很多在 RAMP 热身理念的基础上创造出的不同热身手段。但由于理念的不同，以及缺乏对 RAMP 热身理念内涵的深刻理解，在运用过程中出现了实际效果未达到预期目标的情况。针对这一现象，笔者通过本次学习，在指导老师乔·艾森曼的帮助下，在本文中结合青少年运动员发展过程中的生理、心理特点及项目发展规律，对 RAMP 热身理念在青少年田径运动员训练过程中的长效收益和运用做了进一步的分析，以期为青少年田径运动员的发展提供帮助。

二、RAMP热身理念与传统热身理念的对比与分析

（一）RAMP热身理念的诠释

RAMP 热身理念中的"R""A""M""P"分别代表了该热身理念的四个部分。

R——Raise（预热）：提高肌肉与核心的温度，加大血流量，激活神经系统与肌肉弹性。这部分内容是通过有针对性地进行低强度运动来实现的。

A——Activate（激活）：激活肌肉，为即将进行的练习做好准备。这一阶段是建立在体温和肌肉等与温度有关的因素上的提高阶段，用来保证预热部

分已经达到的效果。

M——Mobilize（动员）：动员肌肉，为接下来进行的练习的移动（动作）方式做准备。该阶段可确保在接下来的练习中，运动员做出的移动和动作是主动且准确的。

P——Potentiate（增强）：增强身体的力量，确保身体做好进入训练或参赛的准备。增强部分的活动主要是根据特定运动或技能的需求进行的有针对性和有效的速度和敏捷性动作，目的是使机体在运动强度和技术要求等方面达到接下来将要进行的任务的要求。

（二）RAMP热身理念与传统热身理念的比较

1. 两种热身方式的对比

RAMP 热身方式在相同的热身时间内运用更多样的练习，通过四个不同功能且具备针对性的部分完成整个热身过程。（表1）

表1　RAMP热身方式与传统热身方式的对比

部分	RAMP热身		传统热身	
	内容	方法	内容	方法
第一部分	预热	平板支撑、往返跑、慢跑等	预热	慢跑、变速跑
第二部分	激活	下蹲、弓步、动态拉伸、往返跑等	拉伸	静态拉伸、动态拉伸
第三部分	动员	技术类分解练习、灵敏性练习、往返跑等	专门练习	技术类专门练习
第四部分	增强	高强度专项练习及辅助性高强度练习	专项练习	高强度专项练习
热身时间	40~50分钟		40~50分钟	
练习个数	30~40个		15个左右	

2. RAMP热身理念的优势

和传统热身理念相比，RAMP 热身理念的优势是在实现该任务的过程中，根据 RAMP 理念四个任务划分的不同部分所采取的练习手段，以更直接、更快速、更高效的方式达到热身的最佳效果。

（1）预热部分：传统方式中该部分多数采取慢跑或变速跑等方式来完成上述任务，而 RAMP 模式则采取平板支撑、低强度往返跑等练习来实现。与传统热身理念相比，RAMP 模式下的预热部分不仅能够使血液流速加快，更快地提升肌肉温度，还可以更快速地提高核心温度，并全面调动各肌肉群参与到运动中来。

（2）激活部分：传统热身方式在第一部分完成、肌肉温度升高的前提下，采用静态拉伸或动态拉伸的方法降低肌肉张力水平，增加肌肉弹性，使其能够在接下来的任务中被充分调动并防止受伤，但该方法的运动强度较第一部分有所下降，如果在天气较为恶劣的情况下则更容易使在第一部分中已经提高的肌肉温度下降。RAMP 热身方式在该部分选择了强度较第一部分略高的动态练习进行热身。通过动态拉伸、次数较少但刺激较大的下蹲、弓步等动作激活腿部、臀部等主要用力肌肉，结合适量的往返跑、加速跑等方法保持肌肉温度，并使其能够快速进入到运动模式。笔者认为，单纯的静态拉伸或动态拉伸作为肌肉温度升高后的第二部分热身的内容已经不能满足现有任务和接下来将要进行的内容，甚至有可能出现反作用。RAMP 热身方式的这部分内容较传统方式激活方法更多、强度更高、部位更全面，同时，与下一部分的衔接也更紧密。

（3）动员部分：进行多样的基础性技术的分解练习或专门练习是传统热身方式第三部分的主要内容。在这部分内容里，RAMP 热身方式突出强调有效的运动需要多个关节的整体协调运动才能够完成，运动员在动态模式下表现出的准确、主动移动依赖的不只是灵活性，还有动员性、稳定性及控制性。因此，在这部分内容里，RAMP 热身方式不仅采用技术类的分解练习或专门练习作为动员手段，而且加入了灵敏类、方向移动类练习以达到上述热身目的。例如，行进中的正、背、侧向的转体垫步及开合跳等练习，还有适量的灵敏梯、迷你栏架等练习。而传统热身方式在该部分主要进行多样的基础性技术的分解练习或专门练习。虽然在运动强度和专项结合程度上两者较为统一，但 RAMP 模式增加了相关的灵敏类、移动类练习，所以它在神经系统以及小肌肉群的刺激方面比传统方式更全面，也更符合任务需求。

（4）增强部分：在 RAMP 热身的理念里，在这一部分中不仅可以运用高强度的专项练习作为训练或比赛前的排练，还可以通过增加有针对性的有效速度和敏捷性训练，达到增强力量或者根本不增加总体负荷却获得更大额外刺激的效果。例如，短跑项目的增强部分可以适当地加入双脚前后站姿立定跳、前推实心球、两级跨步推实心球等；栏架类项目可在栏架模仿练习中适当加入轻重量弹力带提高专项肌肉的激活程度。而在传统热身方式中，人们往往通过专项练习最大强度累计重复或强度逐渐递增等方法完成热身的最后一部分内容。RAMP 热身方式可以根据项目的不同，特别是专项肌肉用力顺序和方向的差异，有针对性地适当增加次数较少、强度较高的练习，更有助于运动员参与即将开始的训练或比赛。

通过上述比较，我们能够清晰地看到 RAMP 热身方式与传统热身方式相比，手段更为多样，练习的针对性也更强。与此同时，其创始人认为，在整个热身活动的过程中，"时间"这一因素是关键。这里的"时间"，一方面，指整个热身过程总时间的把握和每个部分活动时间的分配；另一方面，指每个练习的时长。RAMP 热身方式的练习个数较传统方式有明显增加，但热身的整体时间却不能因此延长。无论是各部分还是整个热身过程都不能出现超长时间的情况，因为过长时间的热身也会降低热身效果的质量并产生疲劳，而不同部位的练习因其次数和时间的不同所达到的效果也是不同的。所以，在此前提下制订的热身计划不仅更为细腻，也更具科学性。

3. 传统准备活动理念与发展现状

在传统的热身活动中，众多运动员一方面习惯用肌肉的温度和专项练习的强度累计来衡量热身活动是否充分；另一方面，通过静态拉伸和动态拉伸的方法增加肌肉弹性，降低肌肉张力，在激活肌肉的同时实现预防伤病的目的。然而，静态拉伸对预防伤病起到的作用很小，而且不适当的静态拉伸对爆发力项目会产生不利影响，目前已有很多相关研究，笔者就不再赘述了。因此，抛开个体情况的不同，以静态拉伸或动态拉伸作为热身活动中激活调动肌肉并预防伤病的主要手段显得过于单一，甚至对爆发力项目有可能会起到相反的效果。而在专门练习及专项练习中存在着练习的单调性和重复性，缺乏全面性、针对性，以及对神经系统的调动不充分等现象。但是，经过实践，很多教练和运动员反映 RAMP 热身方式与传统热身方式相比会出现"活动不充分"以及"更为疲劳"等情况。RAMP 热身方式通过四个部分的紧密结合、逐步递进，在相同的热身时间内用更多样的练习来完成热身活动，这不仅能够充分地实现热身效果，而且弥补了传统热身方式在全面性、针对性以及神经系统调动等方面不足的情况，从而进一步提升了热身效果。由于新的热身活动打破了运动员长久以来的热身习惯，因此，局部、小肌肉群练习的增多带来的激活反应使其产生了疲劳的主观反应，但从客观角度分析，在相同时间内进行强度渐进、次数较少的多个练习刺激并不会带来真正意义上的疲劳。

通过前文对 RAMP 热身系统理念的基本阐述和它与传统热身方式在手段、方法等方面进行的比较，结合目前我国田径运动员接触学习和实践运用的过程，可以看出，虽然我国已有部分教练开始使用 RAMP 热身方法并在其基础上进行了创新，但对该方法效果的评价仍旧褒贬不一。笔者认为，对 RAMP 热身理念的认识不够深刻、结构搭配不尽合理，以及内容设计不够科学、坚持时间较短等都是影响从业者对 RAMP 热身理念的优势与合理性的判断的主要因素。

三、RAMP热身理念对青少年运动员长期发展的意义

在热身过程中让所有练习的功能有效地在一定时间范围内发挥作用，并积极影响其长期发展的模式是 RAMP 热身理念区别于传统热身理念的意义。而在这样一个以运动员长期发展为前提创造的系统中，我们需要关注的并不仅仅是使用的方法，它希望通过更多的个性化方法实现运动员各种能力的平衡发展的理念更值得我们深刻理解和运用掌握。

（一）对青少年田径运动员实现全面发展的意义

根据人类生长发育的自然规律，青少年运动员的全面发展在整个运动生涯中具备特殊性。其特殊性来自该阶段运动员既要学习多种项目的基本规范技术，又要根据需求进行多项基础素质训练（表2），为接下来将要进行的专项选择和长期发展打下扎实基础。而教练则要根据青少年运动员的发展需求，结合其生理及心理成长发育规律，制订符合其特点的短期及长期训练计划。

表2 青少年运动员全面基础素质分类

内容	说明（性质）
有氧或无氧能力	维持次最大有氧运动或重复相近强度无氧运动的能力
灵活性	四肢或身体各部分在适当活动范围内的活动能力
平衡性	身体在静态或动态变化条件下保持稳定的能力
一般力量	肌肉和肌肉群间的输出力量的能力
爆发力	肌肉力量输出速度的能力
速度	身体位移的速度
协调性	掌握基本动作及其规律的技术
敏捷性	能够在预先确定的反应性或变化的条件下进行基本的或其他形式的运动
转向能力	能够在预先确定的反应性或变化的条件下快速完成基本的动作模式
应激性	在无法预测、快速和变化的条件下进行运动的能力

影响运动成绩的关键因素分别为技术能力、战术能力、身体能力和心智能力。结合表2所述的相关素质，根据四个因素的属性，我们也可以将其分为技术表现和体能表现两种。而以上两种表现均衡发展的最佳时间为青少年时期。如果一名天赋出众的成年运动员在青少年时期未得到均衡的发展，那将直接影响其未来运动水平的高度，并伴随着伤病以及提前结束运动生涯的风险。同时，青少年时期未得到均衡发展的运动员要想在成年阶段进行弥补或平衡，也会因为该阶段的竞赛任务以及部分素质错过最佳发展期，而出现费时费力且收效甚微的情况。在 RAMP 热身理念的四部分内容中根据步骤的顺序、强度的高低、项目的需要以及每次训练或参赛任务的不同制订出的热身计划能够很好地涵盖上述素质，再通过长期有针对性的练习，能够对运动员的长期平衡发展起到积极的作用。

RAMP 热身理念在第一、第二部分（预热和激活）有一些核心力量练习与弓步、下蹲等大肌肉群参与的练习，少量长期地坚持就能够很好地使运动员在有氧能力和一般性力量方面得到发展。而在第三、第四部分（动员与增强）中，长期加入动态拉伸、灵敏梯、多角球、迷你栏架、药球训练以及专项模仿等练习则可以很好地在灵敏度、协调性、柔韧性、爆发力以及技术学习等方面为运动员带来有益的影响和改变。

（二）符合青少年身心发展规律

通过上述对比分析可以看出，两种热身活动，无论是形式还是内容，反映的效果是不一样的，更存在着理念上的差异，而 RAMP 热身理念更符合青少年运动员生理和心理的生长发育特点。

1. 关于平衡体能和技术两个方面的表现

在运动员长期发展的过程中，平衡体能和技术两方面表现的很重要的一点是根据运动员偏好的风格做到均衡发展。而这里所讲的"偏好"并非运动员自身的喜好，而是指因运动员的先天遗传基因、内分泌、骨骼结构以及心智能力等不同因素而形成的两种表现能力的强弱差异。例如，有的青少年运动员发育较早，力量和身高以及最大爆发力优于其他同龄运动员，我们则可以定义该类运动员为体能型选手。相应地，该类型运动员由于骨骼、肌肉发育较早或较快，所以四肢与身体的灵活性稍差、平衡与敏捷能力稍弱，易导致其学习掌握技术的能力较低、身体控制能力偏差，同时在小关节及小肌肉群方面也容易出现伤病。还有些青少年运动员由于遗传基因或发育较晚等情况，身形娇小、体重较轻，但在灵活度、平衡及敏捷类素质等方面要优于体能型运动员，同时该类运动员模仿能力较好，学习技术也较快。因此，我们可以把这类运动员定义为技术型运动员。但技术型运动员往往会因为自身体量较小、骨骼肌肉不够强壮而出现一般力量及最大爆发力输出较小的情况，从而影响技术质量的提升，同时会伴随恢复能力较弱、免疫力较低及关节易受伤等风险。

RAMP 热身方式考虑到上述情况，在"预热""激活""动员""增强"四个部分可以添加更为复杂的计划，以作为教练训练过程中的重要工具来实现两种不同特点运动员的均衡发展。笔者认为，可以把运动员长期发展的过程比喻成盖房子的过程。在盖房子的过程中，既有不同材质、形状、大小的施工材料，又有不同的工程顺序和工艺，才能最终使我们看到既稳固又形态各异的房子。而 RAMP 热身方式中添加的多种不同类型的练习就像不同的施工材料，而四个不同部分的可变性和灵活性结构决定了该过程中不同的工艺和顺序。根据运动员的不同特点以及最终想要实现的目标，可以使用不同的练习并采用灵活多变的搭配方式，把提高效率转化成效果，使两种表现均衡发展。传统热身方式除了实现单次训练或参赛任务外并不具备这种长期发展的功能，长期运用固定练习和单一手段反而会使运动员在后续出现发展失衡的情况。

2. 符合青少年成长发育的心理特点

遵循各项规律是训练工作必须遵守的法则。其中，青少年心理成长发育也有其独特的阶段性和特殊性。想象力丰富、创造力强、对新鲜事物感兴趣、愿意接受挑战是多数青少年运动员具备的心理特征。基于上述情况，RAMP热身方式循序渐进的动作安排及灵活可变的计划方案不仅更容易被青少年运动员接受，而且更符合青少年成长发育的特点，并有利于青少年运动员长期发展。反观传统的热身方式，青少年运动员由于长期进行同样的、没有变化的热身活动，很容易因过程单一、乏味、枯燥而产生疲劳和厌烦情绪。

RAMP热身方式的计划制订根据单次任务的不同，活动的内容也会有所不同，这一点就实现了热身部分的多样性，避免了过程的枯燥乏味。在此过程中，运用灵敏梯、迷你栏架、多角球、药球等器材进行的灵活、平衡、变向类练习也可以增加过程的趣味性和挑战性。

所以，在青少年时期的全面发展阶段，RAMP热身理念结构的合理性、功能的针对性、手段方法的多样性都更符合该年龄段运动员的生理与心理生长发育规律。

四、对我国青少年田径运动员热身训练的建议

通过对RAMP热身方式的学习理解以及对其与传统热身理念的对比分析，鉴于RAMP热身方式对运动员长期发展的意义及其理念和结构符合青少年身心发展规律的特点，笔者提出以下两点建议。

（一）学习推广RAMP热身方式

青少年运动员的训练竞赛工作一直都是我国乃至世界各国竞技体育最为关注的阶段性工作。正所谓"少年强则国强"，在我国竞技体育从体育大国向体育强国迈进的历史进程中，科学有效地扎实推进青少年运动员的长期发展工作至关重要。因此，和青少年运动员训练、竞赛及长期发展有关的科学、创新性的理念、体系和模式都值得受到体育从业者自上而下的重视。

RAMP这种采取多种功能性练习的热身方式，既不会增加每堂课的训练负荷，又可以对想要发展改善的基础素质或技术环节进行长期训练。经过长

时间的坚持，既可以实现各项素质的均衡发展，又可以为运动员打下了坚实稳定的体能和技能基础，还可以改善青少年过早进入专项化训练导致基础体能偏弱的现状。

青少年运动员根据成长经历大致可分为学校运动员和体校运动员两种，这两种运动员目前所面临的情况既有不同之处也有相同之处。不同之处在于，多数学校运动员的训练计划来自学校的体育老师，且训练条件和设施不够完备；而体校运动员的训练计划来自各项目的教练，同时在其训练过程中，场地、器材等条件相对优越。与体校教练相比，学校体育老师对各项目的深入研究较少，对各项目的发展规律和项目特点的把握也较体校教练稍显逊色。因此，在学校运动员的训练发展过程中更容易出现盲目发展和缺乏针对性发展的情况。基于上述情况，RAMP 热身系统应在学校体育中更多地进行学习与推广。同时，由于体校教练接收专业训练理念渠道多、信息量大，理解运用也更快，所以从管理者与执行者的角度来看，体育老师应为第一推广对象。

（二）推广过程中的规范性和创新

RAMP 热身方式由四个灵活可变的部分组成，变化的内容既有方法和手段的不同，又有内容比重的差异。在使用过程中，我们可以使练习手段多样化，但制定方法的原则性、练习方法的规范性以及内容比重的合理性都应该由专门的工作人员加以规范，写入教学训练大纲，然后通过对教练的培训加以推广。同时，根据个体、竞赛体制与发展需求等诸多因素的不同，我们应该在 RAMP 热身方式的基础上结合实际情况，遵循客观规律，创新研制适合我国青少年运动员长期发展的热身理念。

在落实执行该热身方式时，应按时对执行对象的执行情况进行监测，对他们的身体发育趋势、身体运动机能等方面进行跟踪评估。一方面，进一步论证该热身方式对我国青少年运动员运动发展的意义；另一方面，根据青少年运动员下一步的成长发展需求调整内容。

最后，笔者希望我国能够通过对 RAMP 热身方式的学习推广与实践创新，在监督执行并形成跟踪评估的基础上制定符合我国青少年运动员发展规律，且能够有效、有益地促进青少年运动员健康发展的热身系统，从而实现为我国竞技体育后备人才打下良好体能基础的目的，为其成年后参与专项训练做好全面的准备。

浅谈我国女子垒球投手青少年选材

辽宁省体育事业发展中心　李琪

摘要：垒球是19世纪末期在美国产生的一项球类运动，在20世纪初期传入我国，在我国的发展已经有一个世纪的历史。当前，女子垒球运动已经发展成亚运会和奥运会的正式比赛项目。垒球运动在我国备受重视，做好女子垒球投手的选材工作对垒球运动的发展至关重要，值得广泛关注。本文对女子垒球投手的青少年选材做了简要分析。

关键词：女子垒球；青少年选材；投手

在垒球运动中，投手是重要的角色。投手投球的水平会直接影响进攻方的击打效果，所以投手又被称为"影响比赛的关键人物"。近年来，在女子垒球队伍组建中，投手的选材受到了广泛的关注。青少年是垒球投手的主要选材对象，这就要求未来在投手选择中，应综合青少年的成熟度、身体潜能、气质类型、身体成分、人体测量学指标、心理因素及智力因素等多方面指标，保证选材的高效性和综合性。

一、注重女子垒球投手青少年选材的意义

首先，随着社会经济的发展，垒球运动已经快速渗入我国各个地区。在各种运动比赛中，垒球都被视作一项很重要的比赛，而投手是垒球比赛团队中的核心人物，垒球投手的综合表现会对整个团队的综合成绩产生直接的影响，这便要求在未来的人才选拔中，应特别关注垒球投手的选拔。其次，青少年时期是儿童阶段到成人阶段的过渡期，这个阶段，许多青少年具有一定的运动天赋，尤其女生多是相对文静的，对她们的垒球天赋进行挖掘时需要综合关注她们的各项表现，挖掘出她们过去由于埋头学习而被埋没的垒球投

射天赋，这也是帮助青少年实现自我价值的重要途径。最后，高质量的选材引导，会对后期的技术训练、心理健康引导及实战应用起到奠基作用。

二、青少年女子群体的垒球投手技术教学阐述

青少年时期是人体生理和心理发育的关键阶段。由此，做好这个阶段的垒球投球技术基本技巧的传输，是为我国女子垒球提供丰富性选材的必要条件。首先，青少年时期应从兴趣元素入手，适时开展垒球项目的赏识教育。10~13周岁期间，青少年群体的玩心比较重，遇到自己感兴趣的事物往往好奇心较强。由此，教师可以将学生的好奇心理灵活转化为参与技术练习的动力。如果青少年在这个阶段对垒球产生兴趣，那么在后续的规则学习、训练练习中，青少年就会表现出较强的主动性；必要时还可以在教学中加入一定的游戏元素，使枯燥的活动变得有趣起来。其次，还应该在循序渐进中让青少年掌握投球的基础技术。通过从最简单的辅助投球、标准投球到较复杂的手指拨球、手腕鞭打等的练习，加深青少年对出手时间、出手位置的记忆；通过哑铃、弹力带等器材，适当锻炼青少年的上肢肌肉力量，加强核心部位的稳定性。最后，还应从实战角度出发，让青少年感受到实际比赛时的紧张感。青少年掌握了一些基础性的技巧后，便可以通过小组合作、现场比赛在实践中提升自己的现场发挥能力，完成好模拟实战的练习。

三、浅谈我国女子垒球投手青少年选材的具体要求

（一）青少年选材的成熟度标准

1. 垒球运动中的灵活度

垒球运动与其他比赛有一定的区别，其最显著的特点就是对投手的要求比较独特。投手在位置上与其他常规球员的不同，要求其必须具备更高的灵活性，且在投球过程中具有随机应变的能力，应从有效控球、投球角度把握、压制对方的进攻、减少防守压力等方面入手，综合考虑青少年女子的灵活性。

2. 综合考虑青少年的年龄元素

笔者从多年的垒球运动员选拔经验中发现，一个垒球运动员由初步训练到成熟成才，往往需要5年左右的训练时间，而18~21周岁又是人身体潜能成熟的重要时期，因此，女子垒球投手的最佳选材年龄为13~16周岁。低于

这个年龄段，青少年的运动潜能还未能真正展现；而超过这个年龄段，已到了青少年阶段的末期，很多人不再像13~16周岁时那样有活力，运动激情也会有所下降。女子进入13周岁后，普遍进入青春期，这个阶段的青少年女子在身体形态、性格特点、学习领悟以及思维等方面都会趋于稳定，并且许多女子会自主地朝兴趣元素的方向趋近。在体育运动训练中，运动员的兴趣和爱好是运动活力的重要源泉，尤其是在垒球运动中，投手在合适的年龄阶段，加之有兴趣元素的激励，才能更高效地发挥出自己的垒球运动潜能，收获在运动中彰显自我的喜悦。

（二）身体潜能

在女子垒球的常规运动员选拔中，一般对青少年身高的要求并不高，但投手具有一定的特殊性，要求青少年选手的身高和体重应保持合理的比例。身高和体重是最基本的身体元素，如果身高不足、体重过轻，会导致身体重心过低，投出的球缺乏力量，很容易被对手击打。应该综合考虑垒球投手的个性化要求，如青少年女子的手臂和手掌长度、手指间距、握力水平以及下肢肢体的长度，这些先天性的身体元素会直接影响投手的投球效果。可以通过目测、丈量等方式进行身高、臂长的测量，由于许多青少年的身体并未发育成形，可以借助这种方式来判断其身体比例。必要时还可以借助遗传性因素，深入了解青少年父母等直系亲属的身高、体重、臂长以及身体比例，为未来队员的发展和成长空间判断提供一定的参考依据。另外，还应关注运动员的上下肢运动爆发力、投球的球速以及对变化球的控制等，这些都会直接影响整个垒球队比赛时的成绩。

（三）气质类型

气质性因素是人格特征的重要体现。人们受周围环境、家庭熏陶和后天教育的影响，在脾气性格上会表现出不同的个性。从情绪反应的角度分析，一个人脾气上的特点很难改变。因此，在垒球投手的选拔中，更应综合气质性因素。如果青少年选手的脾气性格过于浮躁，难免会在真实的比赛中表现得不够沉着冷静；如果学生的脾气性格过于沉寂，心理素质较差，那么在重要的比赛中往往把握不住成功的要点，因此，应将青少年的气质因素控制在合理的范围内。

笔者根据多年的女子垒球投手选拔经历发现，垒球选手在选材中，通常分为以下几种气质类型：第一，多血质类型。这一类型的垒球运动员通常可以快速适应和融入比赛，接受新团队和新事物的能力也比较强；而且垒球投手需要掌握较多的技术要领，每项动作对身体的要求也比较高；多血质的运动员，能够对自己喜欢的运动始终保持较高的兴趣和动力。第二，黏液质类型。这一类型运动员通常可以保持较高的运动主动性。垒球运动中需要投手掌握一定的动作要领，且每项要领都需要细致，而黏液质的投手通常可以更好地抵抗外界的干扰，有效控制自己的行为，专心致志地投入到实际比赛和现实运动中去。第三，胆汁质类型。胆汁质的人通常反应较快，在情感思维方面也会表现出较强的反应能力。胆汁质的青少年通常会表现出较强的热情和旺盛的精力，但其缺点是脾气有些急躁，所以在团队融合中，应培养他们控制自己情绪的能力，让他们收敛自己的行为，一切以团队大局为重。第四，抑郁质类型。抑郁质的人通常会表现得优柔寡断，且性格较为孤僻，不爱参与到团队中，但这种性格的运动员往往在重要的比赛中发挥稳定，能在关键时刻稳中求胜。

因此，在女子垒球青少年投手的选材中，应做好气质测试，准确地判断候选人的气质类型，尽可能地选择黏液质和多血质气质的运动员。

（四）体成分

女子垒球青少年投手在选材时应做好体成分的测量，主要包括水分、脂肪、蛋白质和无机质四种，且这四种成分都应该控制在合理的范围内，尤其应该控制脂肪的含量。脂肪含量过多，会导致运动员爆发力受阻。另外，在后期的培养和训练中，还应该为投手建立合理的膳食结构。由于垒球投手需要长期的高强度训练，所以自然而然会消耗较大的能量，如何做好一定热量的摄入和身体比例的控制就显得尤为重要。运动员应该注意酸性食物和碱性食物的摄入平衡，如果酸性食物摄入过多，会导致体内的钙、镁等无机分子消耗较多，轻者使运动员产生一定的疲劳感，重者会增加血液的黏稠度，阻碍正常运动训练。由此，应该多食用一些绿色蔬菜，这类食物中富含无机盐和维生素，不仅有利于促进运动员体内的酸碱平衡，还可以为运动员源源不断地补充体力，并且使其保持较为旺盛的精神状态。

（五）人体测量指标

通过对人体进行测量和系统性的观察，能客观性地对人体的特征、类型、变异和发展进行综合性评价。首先，人体测量主要包括头骨指数、上肢和下肢比例等，借助公尺测量器、卷尺等准确确定测量点，确保测量结果的准确性。其次，还应对骨骼含量、关节活动度、生理特征和身体发育程度，以及青少年在不同运动状态下的活动范围和肺活量等参数进行系统的测量，确保测量参数的客观性，从而对青少年未来的个体发育和体质特征进行综合判断，进而评估其是否能适应未来的垒球投球运动。

（六）心理因素

垒球投手的出色和成功不仅取决于平时训练的刻苦和对技术的把握。过去，许多教练都把训练重心放在技术提升、战术实践、具体演练、团队建设等方面，而忽视了对垒球投手心理素质的培养。心理素质是人体整体素质的重要组成部分，该素质以自然因素为基础，是先天性遗传因素和后天改变的综合体；其中，后天接受的教育、家庭熏陶、生活环境以及各类学习、工作活动，都会对人的心理素质产生不同程度的影响。较好的心理素质，可以帮助人们在各种活动中稳定发挥。因此，在后续的垒球投手青少年选材中，应综合考察被选入的运动员的意志品质、心理素质，应注意考核青少年女子垒球选手的顽强、勇敢、冷静、执着以及大局观等综合性元素。在上述优秀心理品质的作用下，运动员往往会更自觉主动地克服困难，且在比赛危急时刻，能够调整心态去勇敢拼搏。另外，垒球投手在投球时还必须保持注意力高度集中。最后，在进行女子垒球投手青少年选材时，应该灵活选择一些心理素质测试方法来了解青少年群体的心理素质情况，从而对青少年女子垒球投手候选人的性情品格、意志品质以及关键时刻的表现等进行综合性和全面性评价。

（七）智力因素

垒球投手的优异表现并不在于将一些潜在的技能和技术进行简单相加，而在于灵活应用智力，借助自己的知识储备、学习经验等因素，对垒球训练中的技术训练、关键点、垒球投出后的路线和速度等进行综合性判断，从而取得较好的投球效果。垒球投手在投球时，应该通过动脑来判断投出垒球的好坏，从而对其进行客观的考量。但在当前的垒球投手选材和选材后的培养过程中，却并不太重视投手的智力因素，多把重点都放在了技能培养和理论学习上。这种忽视智力因素、关注其他层面的培养策略，对于垒球投手综合素质的提升十分不利。在垒球比赛中，智力因素非常重要，如果垒球投手技能、技术都比较完备，但是缺乏智力因素，在关键时刻也难以做出准确的判断。在选材中，应对青少年群体的现场反应、头脑灵活度、模仿水平和概括能力进行综合评估，对其智力因素进行客观评价。

四、结论

优秀的垒球投手需要具备更多的综合性素质，而女性运动员相比男性运动员在身体构造、生理及心理等方面都有着不同的特点，这就要求在未来的垒球投手选材中，要做好青少年女子群体的标准落实，从成熟度、身体潜能、气质类型、体成分、人体测量指标、心理素质、智力因素等方面入手，提升选材标准，并且在教学初期提升对垒球投球训练的重视程度，保证青少年群体能够适应并且满足选材要求，为我国培养更多高质量、高水平的青少年女子垒球投手。

参考文献

[1] 余梅芳. 青少年女子垒球运动员身体素质训练特点 [J]. 中国体育教练员，2016，24（3）：57-58.

[2] 曾盛誉，宋路冬，曾伟. 我国女子垒球运动员击球节奏分析 [J]. 科教文汇（上旬刊），2015（5）：191-192.

[3] 刘波. 2011年全国女子垒球冠军赛和锦标赛技术统计与分析 [J]. 攀枝花学院学报，2012，29（5）：114-115.

[4] 朱新宇. 重新裁决中国女垒为世锦赛第三名之谜——第七届世界女子垒球锦标赛纪实 [J]. 体育博览，1990（10）：21-22.

[5] 周志鹏，郑亮亮，曲峰. 中国优秀女子垒球投手快速投球投掷动作的运动学分析 [J]. 北京体育大学学报，2009，32（1）：68-70.

论心理训练对提升高尔夫球运动表现的重要作用

中国高尔夫球协会　黎佳韵

摘要：人们普遍认为高尔夫球是一项和心理学密切相关的运动。本文的目的是通过文献综述法和访谈法来探索心理训练和高尔夫球运动员的运动表现之间的联系，重点关注目标设置、自我谈话、表象训练、放松训练这四项心理技巧，浅析心理技巧是如何影响注意力、焦虑、信心和内在动机等因素，从而影响高尔夫球运动员的运动表现或比赛成绩的。结论是心理技巧的训练和运用，对提高高尔夫球运动员的运动表现有显著的帮助，心理训练应该得到教练、家长和运动员的重视。

关键词：运动心理学；高尔夫球；运动表现；心理技巧；心理训练

体育发展到今日，世界各国对技战术的研究已经到了极高的水平，高水平运动员在赛场上的竞争，在某种程度上其实也是心理素质和心理技巧运用的竞争。优秀的高尔夫球运动员除了应在身体上和技术上具备较强的能力外，还应具备在训练和比赛中唤醒自我、克制紧张情绪、调动注意力和冷静处理困难等优秀的心理素质。对于高尔夫球运动员来说，体能是基础，技术是关键，而心理则是核心。很多高尔夫球教练已将心理训练列为运动科学训练必不可少的一部分，身体训练、技能训练、战术训练和心理训练共同组成了现代运动训练体系。心理技能和身体技能一样，需要通过千万次的训练才能获得，熟练掌握自我调控的心理技能，最大限度地储备心理能量，才能为高强度的训练和比赛做好充足准备。

本文通过对国内外文献资料的研究和整理，结合对国内高水平高尔夫球运动员的采访，分析将目标设置、自我谈话、表象训练和放松训练等作为心理技巧训练对运动员的心理和行为产生的积极作用，以及这些技巧在全面提高运动员心理素质和心理技能方面的运用。

一、心理学和高尔夫球运动之间的关系

心理学和高尔夫球运动之间的联系似乎是必然的。在高尔夫球场上正确思考的重要性是职业高尔夫球运动员永恒的话题。学术研究表明，高尔夫球运动员通常更善于运用心理技巧，使用一致的击球前准备程序，更有效地规划球场策略，并在高尔夫球场上设定高质量的目标。为什么心理学对击球表现如此重要？首先，专注度与击球之间存在必然关系。高尔夫球项目比赛时间较长，因此容易产生疲劳感，注意力不集中则会影响决策和运动表现。其次，由于高尔夫球运动两次击球之间会经历长时间的步行，所以它是一项间歇性运动，因此，对于高尔夫球运动员来说，重要的是可以有效地在两次击球之间自如地调动或转移击球注意力。最后，高尔夫球运动员每次的击球表现都能详细地、客观地立刻得到反馈。比赛中，高尔夫球运动员会不断地衡量自己的表现，在出现失误后，他们很容易对自己的某项高尔夫球专项技术失去信心。例如，在几次短推没有成功或者没能用球道木杆将球放上果岭后，他们很容易怀疑自己的推杆技术或者使用球道木杆将球放上果岭的技术。信心的下降最终将影响运动员在球场上的积极性、冒险精神和创造力。研究表明，焦虑水平提高的同时会让人们更加有意识地控制那些通常是自动化的动作。例如，当职业高尔夫球运动员在比赛中开始纠正自己的挥杆动作，而不是大胆去挥杆的时候，焦虑和担忧便会开始占用运动员有限的心理处理资源，从而影响击球所需的心理处理资源。

专注、焦虑、信心和动机都是影响高尔夫球运动表现的心理因素，因此，高尔夫球运动员掌握对提高运动表现有利的心理因素尤为重要。本文通过介绍一些基本的心理技巧——目标设置、自我谈话、表象训练和放松训练，使高尔夫球运动员了解如何通过心理训练来提高自己对专注、焦虑、信心和动力等心理因素的掌控能力。运动员必须明确的一点是，高尔夫球运动的心理技巧就像高尔夫球运动专项技术一样，并不是短短几天就能掌握的，而是需要较长时间的积累，只有通过耐心地学习和训练才能较好地掌握，才能在比

赛中高效运用，这也是运动员赛前准备很重要的一个环节。

二、研究对象和方法

（一）研究对象

研究对象是中国的10名现役职业高尔夫球运动员。男子运动员5人，其中目前中国高尔夫球协会职业球员积分排名前10名的有4人；女子运动员5人，其中目前中国高尔夫球协会职业球员积分排名前10名的有3人。被采访的10名运动员均获得过高尔夫球职业赛事的冠军。

（二）研究方法

1. 文献研究法

查阅国内外关于运动心理学、高尔夫球运动心理学、高尔夫球运动表现以及运动训练中有关目标设置、自我谈话、表象训练和放松训练内容的文献和期刊，并加以归类和分析，为本文提供理论基础。

2. 访谈法

由于此次论文的特殊性，未能和访谈嘉宾进行面对面的交谈，笔者采用了电话采访的形式，对我国10名精英高尔夫球职业运动员进行访谈。接受采访时，精英运动员有的在训练调整，有的正值赛前或者刚刚结束了大赛，他们都表达了最真实的想法，并介绍了自身的一些情况。笔者通过访谈，了解了他们对高尔夫球运动心理学和心理技巧的看法和运用情况，并进行了分类、归纳和分析。

三、分析与讨论

（一）目标设置与高尔夫球运动表现

1. 目标设置的定义

目标设置理论是指目标本身对人有激励作用，在目标激励的作用下，人会让自己的行为朝着一定的方向努力，并把自己的行为结果与既定的目标进行对比，及时进行调整和修正，从而达到目标。

2.目标设置对高尔夫球运动表现的影响

高尔夫球运动作为一项个人项目，在自信心缺失的情况下如何在训练和比赛中自我激励尤为重要。在比赛和训练中设置目标，能有效地进行自我激励。目标设置对运动表现有四个方面的作用：①让运动员将注意力专注在任务本身；②根据目标需求进行自我动员；③增强完成任务的毅力；④鼓励运动员制定合适的策略来完成目标。

通过不同的目标设置，运动员可以在训练中找到挑战性，消除厌烦情绪，改善训练的质量，增强自豪感、满足感和自信心。目标的明确性和困难度是直接影响运动成绩的两个关键点，目标设置得太难会使运动员在多次尝试失败后自信心下降；目标设置得太容易则难以提高运动员的自信心。目标设置和完成情况直接影响运动员的自信心。10名被访谈的高水平高尔夫球职业运动员都表示自己会在训练中设置目标，特别是在推杆方面。YYC（受访者代号）表示在训练中设置目标能让他在训练中更专注，每天的训练都很有动力。在进行短推训练时，他会配合各种训练小游戏为自己设置完成多少个球推进洞的目标；长推训练是指进行模拟比赛的9洞或者18洞的推杆训练，运动员通常会设定完成9洞或者18洞的杆数目标。长杆训练则会运用高科技的电子设备来监测球的飞行轨迹和飞行距离等，设定每日需完成的每种球路的击球数量或者控制完成的百分比。FSS（受访者代号）则对自己的整个高尔夫球运动生涯有很明确的规划和目标，每个阶段她都会给自己定一个长期目标，根据长期的目标就能明确需要完成的中期目标，然后为了达到中期目标，每天起床后给自己设置当天的训练和比赛目标，这些目标都是具体的可实现的。FSS还表示，设置目标会让自己有清晰的方向，并且有计划地完成训练任务和比赛，在这个过程中能更专注且更不容易放弃。她在为自己设置长期目标时，考虑的是自己通过95%的努力就能完成的，她表示并不想把自己逼得太紧，因为那样可能会压力太大，适得其反。这表明了职业运动员在目标设置过程中需要充分考虑难度的问题。

（二）自我谈话与高尔夫球运动表现

1.自我谈话的定义

在运动心理学领域运用最为普遍的心理训练就是自我谈话。自我谈话是运动员通过与自己对话的形式解读自己的情绪，调节和改变自我评价和目标，并给予自己指导的行为。自我谈话的形式是多种多样的，自我的思考，一整段内心的独白，关键时刻短小明确的指令，非口头的一个眼神、一个微笑，或者口头上对自己说的一句话都可以认定为自我谈话。

2. 自我谈话对高尔夫球运动表现的影响

自我谈话的分类方式有很多，本文主要涉及积极和消极这两种。积极的自我谈话内容以鼓励和自我肯定为主，而消极的自我谈话内容则是以自我否定和自我怀疑为主。完成一场高尔夫比赛需要4~6个小时，在如此漫长的时间内如何控制自己的思想显得尤为重要。而且高尔夫球比赛一直被认为是一项挑战自我的运动，失误少或者在失误后能立刻补救过来回到正轨是致胜关键。所以在失误后控制情绪，消除自我怀疑，并鼓励自己继续保持乐观积极的心态，完成后续的比赛更为关键。LHT（受访者代号）表示自己经常会控制不住情绪，最后导致更严重的错误。在自己出现失误的时候，心态调整不过来的表现有自我嘲讽和自我怀疑等，有的运动员甚至会对自己发很大的脾气，但是情绪控制不好就容易一错再错。WW（受访者代号）则表示自己打不好时都能运用积极的自我暗示安慰和鼓励自己，会帮助自己放平心态并冷静下来处理失误。她觉得心态越消极就会表现得越不好，所以在比赛中非常注意控制自己的想法和情绪。

（三）表象训练与高尔夫球运动表现

1. 表象训练的定义

表象是一种能够自我意识到的似感觉或似知觉的经验，这种经验的存在不需要依赖真实感觉或知觉。表象是应用各种感觉创造或再造的一种有意识的心理活动。清晰的表象是需要几乎所有的感觉经验参与的。虽然表象训练常被称为"视觉化训练"，或者说"在脑袋里放电影"等，但并不表明表象训练中只有视觉经验的参与，因为没有其他感觉器官的经验，要获得清晰的表象是非常困难的，表象训练的效果也会受到影响。

2. 表象训练对高尔夫球运动表现的影响

记忆是表象训练的基础，研究表明，当一个人在身临其境地做清晰具体的表象时，大脑会将这种表象当作真实的活动来刺激大脑皮层。高尔夫球运动中进行的表象训练，不但要模拟练习和比赛的环境等视觉表象，还要体会挥杆时身体的感觉，听到观众的回馈和风吹过的声音，用嗅觉去体验球场的气味，还需要在比赛中补充能量时的味觉表象，只有最大限度地调动运动员不同器官的感知体验，表象的内容才会更生动和真实。因此，这种表象技巧一般会在比赛前一天或者每次击球前使用。这种表象能力有可能是与生俱来的，但同时也可以通过训练来获得。LYW（受访者代号）表示自己在球感或者状态好的时候每次击球前脑子里都会出现这种预演的球曲线，但是感觉不好的时候就会忘记。他表示自己平时在训练时也会很注重这种表象训练的运用，他认为表象训练之后击球总体来说会比没有表象训练时好。SYT（受访者代号）则表示自己会在面对困难球位时进行表象训练，想象出自己的球是如何脱离困境是如何落地以及弹跳的，这样能帮助她在面临困境时更专注于要做的动作而不是着急焦虑的情绪。SYT表示自己还会在比赛前一天进行冥想训练，这也是表象训练的一种，内容是将第二天的赛前流程在脑子里预演一遍，包括每个时间点需要到哪里进行怎么样的赛前训练，这样的冥想能使她在赛前心里更踏实。

（四）放松训练与高尔夫球运动表现

1. 放松训练的定义

放松是一个使身体和精神从紧张焦虑到松弛的动态过程，生理反应和心理认知都有所体现，是一个由主观意识控制来减少无谓刺激干预、集中注意力、稳定情绪、平缓心情和降低生理唤醒水平的过程。放松训练是指遵循一定的要求和原则，按照一定的方法和步骤，加快运动员的放松过程，提高放松的能力和效果，是一种缓解运动员焦虑情绪的心理训练方法。

2. 放松训练对高尔夫球运动表现的影响

高尔夫球运动的客观性决定了运动员常常会因为击球失误等情况，出现沮丧和焦虑的情绪。从生理上讲，人在紧张和焦虑的情况下，交感神经系统会被激活从而提高心率和血压，最终增加对人体骨骼肌的氧气供应。同时，下丘脑和垂体也会分泌相应的激素，来使人体迅速获得能量供给，以便在紧急情况下做出快速的反应，以上的生理反应都是对高尔夫球运动表现不利的因素。因此，使用适当的放松策略来控制紧张和焦虑是提高高尔夫球运动表现的重要手段。首先，我们要正视紧张和焦虑的情绪，因为这是每一位高尔夫球运动员都会遇到的。其次，在自己有此种情绪时可以选择接纳它，并将此情绪转换为正面的情绪，如兴奋。在这个过程中还需要了解自己出现这种情绪时身体和击球表现会有怎样的变化，根据具体情况做出一些调整。YYC表示自己从来都不否定紧张情绪并且没有尝试克服这种情绪，只是发现自己紧张或者焦虑时会选择用小一号的球杆击球，因为在这个时候，激素的分泌通常会使他将球杆挥得更快，球会飞得更远一些。另外一种解决方法则是通过降低心率和血压，来减少氧气的消耗，缓解这种紧张和焦虑的情绪。例如，运动员可以将注意力集中在减慢呼吸上，通过鼻子吸气，使空气进入腹部并缓慢呼出，同时使用"放松"等词语自我暗示；还可以借助一些轻松愉快的想象，来帮助消除肩部肌肉的紧张感等。LY（受访者代号）表示，她在意识到自己紧张时，通常会运用深呼吸、哼歌、吃东西、喝水和聊天等方法来分散注意力。

五、结论

10位运动员在访谈中都提到，心理训练对于高水平高尔夫球运动员的运动表现有非常重要的影响，其中一半以上的运动员认为心理因素对比赛运动表现的影响占到50%或者以上。

受访者中有7位曾经接受过或者目前正在接受专业的心理技巧培训，而未接受过训练的运动员其实在比赛中也会不自觉地用到一些本文提到的心理技巧。

只有3位受访运动员表示会在每天的训练中加入心理训练的内容，其余运动员还是更关注体能和技术训练。

10位精英运动员中目前只有2位有专职心理教练；有3位表示以前接受过非常多的心理指导和训练，目前都在延续之前好的训练习惯；而有多达5位运动员表示非常需要心理教练辅导，希望国内可以有更多懂高尔夫球运动特点的运动心理教练。

六、建议

在本文中，笔者试图阐明心理训练和高尔夫球运动表现之间的关系。对国内外文献的分析和对精英运动员的访谈，都证明了心理训练对高尔夫球运动表现来说是非常重要的。笔者还介绍了一些基本的运动心理技巧，包括目标设置、自我谈话、表象训练和放松训练，高尔夫球运动员可以在训练和比赛中使用它们，这对提升高尔夫球运动表现具有积极意义。对于目前高水平高尔夫球运动员的现状，笔者建议：①运动员和教练应加大对心理技巧训练的关注，从青少年阶段就要加入心理技巧训练，因为心理训练的影响是潜移默化的；②培养更多的专业高尔夫球运动心理教练，为我国的高尔夫球运动员服务；③从科研角度加大对高尔夫球运动心理学的研究，总结出适合我国运动员的训练方法。

参考文献

[1] 殷怀刚，韩冬. 中国优秀女子高尔夫运动员心理特征研究 [J]. 体育与科学，2019，40（4）：100-105.

[2] 况程成，金克林，黄小芹，等. 影响高尔夫球员竞技表现的心理因素与训练策略研究 [J]. 体育世界（学术版），2018（6）：143-144，126.

[3] 殷怀刚，陆东东，韩冬. 高尔夫运动员核心竞技能力的特征及评价 [J]. 成都体育学院学报，2018，44（2）：75-79.

[4] 杨文礼，杨剑. 目标设置对网球运动员发球准确率及运动自信心的影响研究 [J]. 天津体育学院学报，2011，26（4）：284-286，296.

[5] 赵国明，张忠秋，魏柳青，等. 中国跳水队备战重大比赛系统心理训练效果研究 [J]. 天津体育学院学报，2013，28（2）：105-110.

[6] 毕晓婷. 自我谈话干预改善精英运动员目标认同的个案研究 [J]. 首都体育学院学报，2019，31（2）：120-126，152.

[7] 邱芬，姚家新. 现代运动心理技能训练研究现状及未来走向 [J]. 武汉体育学院学报，2007（2）：44-48.

[8] 冯燕辉. 自我谈话对网球发球表现的影响 [D]. 北京：北京体育大学，2016.

[9] 梁辉. 女子举重运动员的表象训练研究 [D]. 苏州：苏州大学，2007.

[10] 赵国明. 高水平跳水运动员备战重大比赛心理干预模式的理论构建与实证研究 [D]. 上海：上海体育学院，2009.

[11] 于晶，崔野. 体育运动中的目标设置理论研究述评 [J]. 体育学刊，2005（4）：46-49.

[12] 梁俊煌，林振盛，杨忠和. 2001欧洲优秀职业高尔夫巡回赛选手制胜

因素分析 [J]. 彰化师大体育学报，2002（3）：1–17.

[13] 陈泰亭，蔡侑蓉，黄崇儒，等 . 提升高尔夫推杆表现应具备的生理与心理特质 [J]. 台湾运动心理学报，2012，12（1）：39–70.

浅谈美国高中体育发展概况

成都体育学院　　张鹏翔

摘要：本文通过文献综述与对比分析的方式探讨了美国高中体育的主要任务、开展形式以及对高中学生运动员的要求和期望。研究发现，美国的高中体育并非独立于教学之外的单独个体，其主要任务依然是辅助学生实现文化课学习的目标。美国高中的体育开展形式主要有校园体育、社区体育和俱乐部体育，学生会依据自身需求选择不同的形式实现体育参与目标。

关键词：美国高中；学生运动员；校际体育联盟；学术与体育

美国的高中校际体育指的是在高中环境下开展的体育项目，通常包括校内的休闲体育锻炼和校际的竞技体育比赛。开展高中体育项目的目的在于丰富学生高中阶段的校园生活，从而促进高中学术目标的实现。基于此，高中阶段体育项目的开展应当迎合每个个体的需求，而非只关注学生运动员。然而，学生运动员作为特殊的体育参与者，在美国的整个体育人才培养模式中扮演着承上启下的关键角色，因而吸引了较多研究者的关注。德里克认为，对于个体来说，校际体育对学生运动员的影响是全面而广泛的，通过参与校际比赛，学生能够强化对学校的认同感和身为校友的荣誉感，同时有助于自身养成自律自强、努力上进和团结互助等优秀品质。波因塞特的研究表明，校际体育不仅能带给学生名誉甚至金钱上的回报，也可以带给他们自我满足和成就感，使他们在现实当中更易获得成功。

然而，针对高中学生运动员的研究却远远少于大学生运动员。一方面，可能在于美国的大学校际比赛有统一的运营管理组织——NCAA（美国大学体育协会），它扮演着尤为重要的角色；另一方面，在于美国的大学校际体育在美式橄榄球和男子篮球这两项运动的全面推广下能获得巨大的收益，因此，带动了相关行业和研究的发展。基于目前针对美国高中体育研究较为缺乏的情况，本文将从美国高中校园体育的开展模式、体育与教学之间的平衡关系、美国高中体育的实现路径三个方面展开讨论，以期为中国全民健身的开展和高中体育的推广提供参考意见。

一、美国高中体育开展模式

（一）起源与发展

19世纪80年代，在大学校际体育模式的影响之下，美国的高中体育得到了初步的发展，但是美国高中体育依然只允许高中男生参与。早期的高中体育以俱乐部的形式开展，参与其中的教师和管理人员高度关注学生在体育上投入的精力、对学术的影响、违背体育道德的各项行为以及参与体育造成的伤病情况等。

随着高中体育的不断发展壮大，学校发现，通过开展体育比赛，其自身可以得到更多的名誉，因此，各地区的高中聚集在一起成立了高中体育联盟，最早的联盟有1895年成立的密歇根州高中体育协会和1903年成立的印第安纳州高中体育联盟。

20世纪30年代至50年代，校际体育运动迅速传播，但当时医学界和体育教育界普遍反对针对中小学生（有时甚至是高中生）过于突出竞技的体育模式。在这一时期，女性参与学校体育运动的机会有所增加，但是学校体育运动在很大程度上依旧是男性主导。1972年，美国颁布的《教育法修正案》第九条使女性拥有参与学校体育运动的机会。

1987年，美国国会通过了"97号决议案"，号召各地方和州政府机构在学生学龄前至高中阶段的学习期开展高效且可行的体育教学。1990年，美国卫生及公共服务部颁布了《公民健康提案2000》，鼓励学生终身参与健身活动，养成积极的生活方式，呼吁联邦政府至少应保证全国半数的学龄前至高中阶段的学生能接触且参与到高质量的学校体育教育课程之中，以及确保学生在一半以上的体育课时间能够处于积极的运动状态。1971—2000年，除去例外，高中阶段男运动员的数量在学生总数中的占比稳定在24%~26%；女运动员的比例从1971年的2%增加到1978年的12%，1999—2000年，又缓慢稳定地增加到18%。由于《教育法修正案》的颁布，高中男女体育项目的开展数量和男女运动员参与的绝对人数呈现出持平的趋势。

根据 NFHS（美国州际高中体育联合会）的统计，2017—2018年，参与高中体育项目的学生人数达到 7 980 886人，创造了历史新高。其中女性体育项目的参与人数为 3 415 306人，男性体育项目的参与人数为 4 565 580人。

美国高中阶段男性体育项目最流行的是橄榄球，参与人数有 1 036 842人，随后田径（600 097人）、篮球（551 373人）、棒球（487 097人）、足球（456 362人）、越野跑（270 095人）、摔跤（245 564人）、网球（158 151人）、高尔夫球（144 024人）、游泳和跳水（138 935人）。

女性体育项目方面，户外田径项目以 488 592人的参与人数成为最流行项目，随后依次为排球（446 583人）、篮球（412 407人）、足球（390 482人）、快投垒球（367 861人）、越野跑（223 518人）、网球（190 768人）、游泳和跳水（175 594人）、韵律操（162 669人）及草地棍袋球（96 904人）。

（二）参与方式

美国高中阶段众多的体育参与人数并非完全集中在学校本身开展的体育项目上。实际上，美国高中体育的参与方式主要有三种，分别为学校体育、社区体育和俱乐部体育。

1.学校体育

由于美国政治制度的特殊性，美国各州甚至各地区都有权制定相应的教育制度，联邦政府在其中只具有援助和指导的职能，仅起到服务的作用。各州、各地区教育机构的独立运作方式有利于因地制宜地开设相应的体育课程，且可以积极听取民意，满足当地社区对教育内容的需求。

学校体育的实现方式有两种：一是以体育课程授课为主。多数州或地区都将体育课程添加到必修科目名单中。1997年，美国有41个州的州政府教育部门强制其高中开展体育教育，2016年，增加到了45个州。这是由于美国青少年肥胖问题日益严峻，相关的科研认为参与体育活动能够提高学生的学习成绩。由此可见，美国高中体育教学的根本目标是宣传普及科学健康的生活方式，降低肥胖青少年的比例，引导学生实现充满活力的生活目标。二是允许学生通过其他的方式来进行体育活动，并将不同体育活动的参与时间转化成学分以替代体育课程的学习。2016年发布的《美国体育现状报道》显示，美国的学生可以通过参与国家少年后备役军官训练营、校际体育项目、学校行进乐团、啦啦队和社区体育等得到减免体育教育课学分的机会，其中最流行的为校际体育项目联赛。

由于学校体育属于教学任务中的一部分，其目的是作为教学授课的补充。因此，学校体育规定了代表学校参加体育比赛的条件，依据各州或地区的相应规章制度，学生必须达到一定的学习成绩标准才具备参加校际联赛的资格。

2. 社区体育

社区体育的开展以社区居民的居住地为单位进行，以休闲娱乐为活动目标，实施的方式多种多样，如某一社区可以开展成年人网球比赛，可以在市政泳池开设游泳训练课程，也可以组织远足或郊游等。由于其休闲的特性，参与社区体育的高中生可以远离竞技比赛的残酷，在轻松愉快的氛围中享受体育活动带来的乐趣。

对于很多青少年来说，社区体育为他们展示了各式各样的体育活动项目，从而吸引他们开始从事某项体育项目。社区体育中的多数教练自愿为学生的家长进行辅导，保证居民安全地参与活动是这些教练的首要目标。其次是培养青少年参与运动的兴趣以及指导特定的运动技能或体育专项技能。这种模式下的体育活动因为没有太多竞争的压力，更容易让青少年产生兴趣并保持参与体育活动的热情，因而能够更好地实现让他们终身参与体育活动的目标，减少由于缺少体育锻炼而造成的伤病。

开展社区体育不仅仅对青少年有帮助，而且可以促进社区的发展。社区体育能将邻居们集合在一起，增进彼此间的交流；能增强当地居民对所生活地区的自豪感与荣誉感；能够减少青少年青春期的叛逆与反社会的倾向；也可以增进青少年与其他人群彼此间的尊重。总之，以教练、志愿者、学生、家长等不同身份参与到社区体育活动中，有助于大家生活幸福感受的提升和自身价值的展现，同时能减少青少年犯罪和毒品、酒精滥用以及过早性行为，进而增强小到社区大到整个社会的纽带建设。

3. 俱乐部体育

如果说学校体育是青少年参与体育运动的制度保证，社区体育是青少年参与体育的兴趣来源，那么，俱乐部体育则扮演了促进青少年进行体育竞技与自我挑战的角色。

俱乐部体育具有专业化程度强、竞技水平高和收费高昂等特点。因此，参与俱乐部体育的高中生多数以此为平台提升自己在某个运动项目上的竞争力，以期能获得大学奖学金，以学生运动员的身份完成高等教育的学习。约翰以21 233位 NCAA 学生运动员为样本，统计了他们高中参与体育运动的情况，结果显示：

（1）足球项目上，95% 的女性学生运动员和93% 的男性学生运动员在高中参与过俱乐部体育。

（2）篮球项目上，92% 的女性学生运动员和89% 的男性学生运动员为高中俱乐部体育生。

（3）在排球这一 NCAA 中的女性项目中，91% 的学生运动员来自高中俱乐部。

（4）游泳项目中，90% 的女性学生运动员和88% 的男性学生运动员参与过高中俱乐部比赛。

（5）冰球项目中，91% 的女性学生运动员和86% 的男性学生运动员来自高中俱乐部球队。

高中俱乐部比赛的另一个特点为需要参加跨地区甚至跨州的客场比赛，而客场比赛往往意味着长时间的路途奔波、昂贵的差旅费用等。一方面，给高中学生运动员的家庭带来了经济负担；另一方面，也会消耗学生的体力，影响其在文化课学习中的表现。

（三）讨论学校体育的优势

高中体育的目的在于通过参与体育活动，学生能够收获信息，能够用参与体育活动得到的技能解决实际问题，并在课堂上取得成功、在生活中有良好表现。如果高中体育没有起到上述的作用，那么就没有必要在高中阶段开展体育活动。

高中阶段的俱乐部体育盛行使家长乐意大手笔投入资金支持孩子的俱乐部体育，他们认为俱乐部体育能够帮助学生在青少年阶段开始体育专项训练，有利于学生取得竞技上的优势，从而有更大的概率被高校的星探发现而以学生运动员的身份拿到高校奖学金。但过于专业化的俱乐部体育训练往往和高中体育的目标背道而驰，并不能很好地辅助高中生实现文化课上的成功，这也形成了一个悖论：参与俱乐部体育是为了拿到大学奖学金从而进行更深入的文化课学习，但高中俱乐部体育的性质又决定了要以牺牲文化课的学习为代价来强化自己的专项体育技能。

针对这种情况，各州和各地区也在不断反思自身的体育政策，进一步认识到高中学校体育的巨大作用。高中学校体育能够更好地平衡文化课与体育活动的关系，使体育对知识学习和个人成长的作用真正发挥出来。参与高中学校体育能够带给学生更多的校园荣誉感，在包括父母、朋友的众多观众面前参与体育比赛不仅可以增强运动员的曝光度，也可以让这些年轻的高中生提前感受到大学体育比赛的氛围，为将来做好准备。此外，高中学校体育能够教会学生各司其职以及让他们认识到不同年级的比赛参与等级制度。随着年级的变化，这些学生也在不停地变化、不停地适应新的角色，而这种适应能力也是大学的教练看重的品质，完全参与俱乐部体育是无法培养这种能力的。

三、高中校际体育

类似于 NCAA，美国高中也有自己的校际体育模式，其按照赛季开展训练和比赛。但由于高中体育是在州或地方政府的指导下进行，因此，在现有体系下并没有形成全国统一的联赛体系。各州都有自身的高中体育协会，这些协会联合在一起组建了 NFHS。下文将以密歇根州的高中体育协会——密歇根高中体育协会为例进行说明。

作为 NFHS 的一员，密歇根高中体育协会独立于任何地方和州一级政府组织，它虽然监督并规范着整个密歇根州高中体育的开展，但是任何高中都可以自由选择是否成为其会员。截至 2019 年 8 月，共有 749 所密歇根州的高中加入该协会，只有极少数的私立高中和更为少数的公立高中没有参与。

当前，密歇根州高中体育协会共支持 28 项校际体育的开展，并按照学校注册学生人数对不同规模的学校进行分类。（表 1）

表 1　密歇根高中体育协会分级量表

学校类别	学生人数
A 级学校	不少于 863 人
B 级学校	395~862 人
C 级学校	189~394 人
D 级学校	不多于 188 人

　　根据学校的分级，密歇根高中体育协会提供不同级别的财政支持，但是由于低级别学校无法支持太多体育项目的开展，密歇根高中体育协会又会统计各学校针对某一具体项目的开展情况，并重新按照项目划分等级。如果某校开展某项目，那么会将它和类似规模同样开展该项目的学校分配到该项目的赛区之中。

　　密歇根高中体育协会有严格规定以约束参与高中校际比赛的学生运动员。九年级（高中一年级）到十二年级（高中四年级）的学生均可参赛，但只允许参加8个学期。如果学校人数少于99人，那么可将允许参赛年级下调到八年级，少于49人的学校更可以让七年级的学生参赛。各比赛项目会依据自身特点把赛季选择在秋季、冬季或春季。

四、结论

　　美国高中体育的表现形式多种多样，但最终目的还是服务于文化课的学习以及帮助学生进行自我完善，使其最终成为一个有益于社会的人。学校体育、社区体育和俱乐部体育是学生参与最为广泛的体育类型，学生会依据自身的实际需求选择自己的体育参与方式及参与项目，但并不意味着学生只能参与其一。实际上，在高中阶段，学生依然被鼓励参与多种项目从而提升自身的基础运动能力，避免过早进行专项训练造成的过量训练，并减少单一运动造成的乏味。

　　美国联邦政府不会干涉各州、各地区的体育开展方式，但会提供必要的监管和建议，因而各州、各地区都会依据自身的实际开展校际体育联赛。虽然众多的高中学生运动员希望通过优良的体育成绩得到进入大学学习的机会，但能拿到大学体育奖学金的高中学生运动员数量微乎其微，所以高中体育依然只是对文化学习的补充，高中阶段学生的主要任务依然是对文化知识的学习。

浅析体适能课程对幼儿的影响

湖北省体育局乒乓球羽毛球运动管理中心　王晓理

摘要：随着我国教育改革的深入推进，大力发展学前教育已经成为现阶段重要的教育发展目标之一。幼儿教育对孩子的身心健康发展具有非常重要的作用，而体育活动作为幼儿园主要的教育活动之一，对幼儿的素质养成具有重要的价值。基于此，本文阐述了对幼儿体适能概念的界定，分析了幼儿体适能的实施现状，解释了体适能课程对幼儿的影响，并有针对性地提出提高幼儿体适能水平的途径，以便为基于健康体适能幼儿体育活动内容的构建提供现实帮助意义。

关键词：体适能训练；幼儿；运动能力

幼教专家陈鹤琴先生曾指出：强国必先强种，强种必先强身，要强身先要注意幼年儿童。身体是革命的本钱，健康是幸福的基础。教育部门应对于幼儿身体健康、提高幼儿教育质量给予高度重视。

一、幼儿体适能的概念

体适能的概念源起美国，美国总统体育与竞技委员会于1971年给出的体适能定义被普遍接受，即个人能力足以胜任日常工作还能有余力享受休闲，能够应付突如其来的变化及压力的身体适应能力。

幼儿体适能是指通过合理的体能训练提高幼儿身体素质，增强其环境适应能力、自我保护能力、心理自我调节能力，并为未来的生活、学习、工作打下良好基础。幼儿体适能主要由身体健康发展和心理健康发展组成。身体健康发展主要包括运动相关体能和健康相关体能。运动相关体能主要由爆发力、弹跳力、耐力、敏捷性、灵巧性、距离感、平衡感、协调性组成；健康相关体能主要由身体组成、心肺耐力、肌力、肌耐力和柔韧性五部分构成。心理健康发展由专注力、意志力、团结合作、勇敢自信、不怕困难、理性、果断等意志品质组成。

二、幼儿体适能的实施现状

当前，幼儿体适能在发达国家非常流行，而在国内大多数人眼里还比较陌生，虽然已经有许多媒体介绍过幼儿体适能，但它并没有真正"深入人心"，得到广泛普及。

（一）幼儿园体适能实施现状

目前，虽然多数幼儿教师接受过正规幼儿教育，能掌握基本的幼儿锻炼方法和原则，对幼儿体适能也有简单的了解，但幼儿体适能依然未在幼儿园中实施和普及。究其原因主要有四点：第一，幼儿园没有相对应的体育课程教材，课程没有针对性和科学性，且在体育活动的形式上不够完善，以户外运动和早操为主，形式较为单一。第二，教师的体育专业素养偏低。现阶段，我国幼儿教师缺乏对专门体育知识的学习，很多幼儿教师并没有经过专业体育训练。而幼儿园专职体育教师的缺乏会导致一些体育课程无法开展。虽然多数教师对体适能具有一定的了解，但从未实施过幼儿体适能训练，对幼儿体适能的基本原则、制定过程、运动内容选择、注意事项等了解均不够深入，无法做到科学合理地制订幼儿体适能训练方案。第三，教师没有足够的精力。教师对幼儿的成长起着引导和教育作用，除了承担语言、技能等领域的教学外，还担负幼儿身体锻炼、体育课教学及课外体育活动的组织工作。随着城市人口的增多，很多幼儿园班级人数较多，教师无法在管理好幼儿的同时开展好体适能活动。第四，幼儿园场地设施不足。体育场地是保证开展幼儿体适能课程的前提条件，目前各地幼儿园已经基本配备了相关体育配套设施，但各幼儿园的场地条件有相当大的差异。国内学者连远斌指出，按照《幼儿园工作规程》中所制定的相关规定，应将幼儿户外活动时间规定在2个小时及以上，但出于避免幼儿在户外活动中受伤的心理，或是出于自身的教学惰性，不少幼儿园未充分组织幼儿开展户外体育活动。这样看来，幼儿园在活动场地、器材设施的硬件配置方面就显得较为被动，很多资源并未被有效利用，幼儿的身心得不到全面锻炼，教师的教学水平也难有起色。

（二）家庭体适能实施现状

体适能对多数家长而言是一个陌生的名词，幼儿体适能也很少在家庭中得到实施。究其原因有两点：一是家长无相应专业素养，多数家长接受的教育、从事的行业很少涉及此领域，即使他们愿意为孩子的健康付出时间和精力，但由于缺乏相关专业知识，对运动内容的选择、运动量的监督及运动中要注意的事项都无法准确把握，所以不能为幼儿锻炼提供科学的指导和帮助。二是家长精力不够。幼儿家长除了照顾幼儿外，还需要外出工作、照顾家庭，即使他们渴望为自己的孩子制订一份科学合理的体适能训练方案，但由于缺乏时间和精力也会感到心有余而力不足。

由此可见，在家庭中绝大部分幼儿都没有一份适合自己的体适能训练方案，所以体育锻炼具有很大的盲目性和随意性。

三、体适能课程对幼儿的影响

（一）萌发幼儿终身体育意识

终身体育意识是将体育意识和体育精神贯穿于人的一生，融入人的生活。因此，终身体育意识的培养不能仅停留在口头，而应从幼儿抓起。体适能训练通过丰富的教学课堂、有趣的体育活动来激发幼儿兴趣，让幼儿自发地热爱体育运动，培养幼儿良好的体育习惯，营造终身体育的学习氛围，为萌发幼儿终身体育意识奠定基础。

（二）提高幼儿身体及心理素质

幼儿体适能课程是一类以跑跳、力量及体操技巧为主的中高强度有氧运动。能够全面提高幼儿的运动能力。第一，体适能运动能促进幼儿的心肺功能，使其血液循环加快，新陈代谢加强，心肌发达、收缩力加强。幼儿在锻炼过程中，肌肉活动需要消耗大量的氧气以及排出更多的二氧化碳，呼吸器官需要加倍工作，久而久之，肺活量得到了提高，对预防呼吸道常见病有良好的作用。第二，对幼儿的速度、爆发力、协调性、敏捷性、柔韧性、平衡能力等运动能力的发展有很大的促进作用。第三，体适能课程针对的不仅是身体的锻炼、大脑的锻炼，同时也是意志品质的锻炼。体育运动能克服某些不良行为，使幼儿的性格更加开朗、活泼、乐观。另外，体育活动中复杂多变的形式，还可提高幼儿的应变能力、分析能力、实践能力、判断能力等，从而促进幼儿形成健康的心理、积极的情感和健全的个性。第四，体适能课程以幼儿团体课程为主，幼儿在游戏中与其他幼儿合作完成教师布置的任务，这使他们体会到团队合作，同时也培养了幼儿的集体荣誉感。

（三）促进幼儿生长发育

体适能课程不仅能帮助幼儿锻炼健康的体魄，更重要的是它对幼儿的生长发育有着积极的作用。第一，促进幼儿的肌肉发育。幼儿体适能课程可以给幼儿带来一定的运动量。课程进行时，幼儿全身的血液循环加快，新陈代谢更加旺盛，全身肌肉因运动变得更加结实。第二，促进幼儿的骨骼发育。幼儿骨骼的生长发育需要不断吸收营养物质，体适能训练能刺激骨膜的反作用，促进幼儿血液循环和增加对骨骼的血液供应，使骨骼的发育更加旺盛，从而更加的坚固。第三，促进幼儿的器官发育。课程活动调动起幼儿全身的主要器官，使幼儿代谢更加旺盛，器官功能成长更加迅速。第四，促进幼儿的神经系统成长，幼儿体适能课程带给幼儿身体适度的刺激，活化全身的组织与神经系统，使其更加完善。第五，促进幼儿的智力发育。体育锻炼中的各种动作直接受神经系统的支配和调节。体育运动可以增加脑的血流量，能供给脑细胞更多的养料和氧气，促进脑细胞的正常生长发育，对幼儿智力发展很有益处。

（四）培养各类运动技能

体适能课程是针对幼儿的年龄特点开展的各式各类的活动项目，例如，篮球、游泳、舞蹈、平衡木、跳木箱、跳绳等。幼儿能在这些运动中感到愉悦，还能在游戏中学习各种运动技能，这也为幼儿未来参加体育运动打下良好的基础。

四、提高幼儿体适能的途径

（一）深入实施国家政策

2001年，教育部颁布的《幼儿园教育指导纲要（试行）》中指出：幼儿教育是基础教育的组成部分，是学校教育与终身教育的基础阶段，幼儿园的教育应该为每一个幼儿的终身发展奠定良好的素质基础。幼儿园教育应该充分尊重幼儿作为学习主体的经验和体验，尊重他们身心发展的规律并结合学校特点，以游戏为基本体育活动，引导他们在与环境的积极相互作用中得到充分的发展。2012年，教育部颁布的《3~6岁儿童学习与发展指南》中指出：必须保证每天体育活动时间不少于1小时，并将幼儿学习与发展细分为六个领域，其中健康领域要求拥有发育良好的身体、愉快的情绪、强健的体质、协调的动作、良好的生活习惯和基本生活能力。同时该指南专门针对动作发展提出与年龄段相匹配的技能要求。政策中提到了要加强幼儿的体育锻炼，促进全面发展，培养终身体育意识。因此，在促进幼儿体适能课程开展的过程中，国家应深化管理体制改革，发挥政府引领作用，完善体育设施建设，促进幼儿体育活动更好地开展。

（二）丰富课程教学内容

丰富的课程内容能够极大地提高幼儿的运动兴趣。第一，幼儿园可以根据自身条件开展特色体育活动，如在篮球、足球、游泳、轮滑、舞蹈等课程中任选1~2门作为园内特色课程。第二，幼儿园可以游戏形式开展体育活动，增加趣味性。游戏是幼儿最喜欢的活动，应是幼儿在幼儿园的基本活动。要实现体育活动的游戏化，让幼儿在快乐体验中实现身体素质的全面发展。如提高幼儿力量素质可以玩"推小车""四肢爬""掷远比赛"等游戏；提高幼儿柔韧素质可以玩"猜拳移步""足跟竞走""虫子蠕动"等游戏；提高幼儿协调素质可以玩"小白兔跳""过独木桥""跑直线"等游戏；提高幼儿灵敏素质可以玩"老狼老狼几点了""老鹰捉小鸡""1-2-3木头人""丢手绢""围网捕鱼""贴人游戏"等游戏。第三，充分利用现代化技术培养幼儿运动兴趣。新兴科技的出现大大冲击了传统的幼儿体育项目。因此，可开发新式幼儿锻炼设备，如将VR技术与跑步机结合，跑步机根据幼儿心率、呼吸频率、血压等相关指标调整速度，VR眼镜与动画结合能使幼儿在运动中获得更多的乐趣。

（三）提高体育专业素养

此处所说的专业素养不仅包括教师的体育专业素养，同时也包括家长的体育专业素养。幼儿园可通过开展各类相应讲座和活动为园内教师和家长提供一个好的学习平台，有意识、大范围地对其进行一些培训，将好的理念、好的方法渗入幼儿园和家庭，帮助幼儿科学健身，培养幼儿的体育习惯，促进幼儿终身体育意识的形成。这不仅符合新时代终身教育的思想，也为幼儿终身体育与素质教育奠定了良好的基础。

（四）增加体育配套设施

幼儿园应根据自身财力水平，结合现有条件，适当地增加体育设施，为幼儿园体适能课程的开展提供场地和器材。

五、结论与建议

（一）结论

幼儿时期作为人身心各项指标快速发展的重要时期，不仅要重视幼儿智力的发展，而且要兼顾其身体的发展。因此，通过体适能课程的锻炼，可促进儿童神经系统及身体各项器官的生长发育，神经和肌肉的发展可加强幼儿对身体的支配能力，对培养幼儿身心全面和谐发展具有十分重要的意义和作用。

当前，幼儿体质问题亟待解决，我们应该积极应对。因此，幼儿体育教育主流思想需积极改变，教师专业素养、家长教育观念仍需更新，同时幼儿园需制定合理的体育器械采购政策，解决体育活动配套设施不能满足幼儿活动锻炼需要的难题。总之，只有在国家政策的引导和支持下，转变幼儿体育教育思想、更新幼儿体育教育观念、完善幼儿体育教学硬件设施，才能推动幼儿体育教学的发展。

（二）建议

（1）国家要加强在幼儿体适能研究方面的资金投入，支持幼教科研项目，加大幼儿体育成果的推广力度，各高校及幼儿教育一线工作者要深入实践，扩大幼儿体育的研究成果，推动幼儿体育教育的发展。

（2）幼儿园要积极与家长沟通，宣传推广最新教育理念，纠正家长"重智力、轻体育"的观点。

（3）家长要以身作则，为孩子树立良好的榜样，学校可举办相关知识讲座，加强家长的体育教育知识和意识。

（4）在幼儿园教师配备方面，幼儿园可招收专业体育教师，加强教师队伍的专业化建设，增强幼师的体育教育水平，调整各地区幼儿体育场地设施，使其均衡，并注重均衡教师男女比例，保证儿童健康成长。

（5）注重利用先进技术帮助幼儿培养运动兴趣。

参考文献

[1] 中华人民共和国教育部 . 幼儿园教育指导纲要（试行）[M]. 北京：北京师范大学出版社，2001.

[2] 中华人民共和国教育部 . 3~6 岁儿童学习与发展指南 [M]. 北京：首都师范大学出版社，2012.

[3] 张泽亮 . 体适能课程对 3~6 岁幼儿运动能力影响的研究 [D]. 北京：北京体育大学，2019.

[4] 刘万志，刘丰彬 . 幼儿体适能开展现状研究综述 [J]. 湖北体育科技，2019，38（5）：419-422，443.

[5] 程妍涛 . 美国《3~5 岁儿童运动课程的适宜性实践》的内容、特色及启示 [J]. 体育文化导刊，2016（3）：161-166.

[6] 刘钧珂 . 实施幼儿运动处方 培养幼儿终身体育意识 [J]. 河南教育学院学报 (自然科学版)，2009，18（1）：77-79.

浅谈青少年时期多元化运动训练对射箭项目的帮助

北京市芦城体育运动技术学校　赵玲

摘要： 我国运动员在青少年时期缺乏多元化运动训练，使其进入专业化训练后，竞技状态不稳定，过早出现伤病影响竞技状态，在心理方面过早产生心理疲劳、倦怠，缩短运动寿命。造成这种现象的原因是青少年时期缺乏对多元化运动训练的认识和理解。关于青少年早期多元化训练的文献参考资料很少，笔者研究早期多元化训练对射箭的帮助源于从事射箭运动20年的专业经历和留美学习期间所学知识，希望此文能引发对运动员青少年时期训练的重视，对射箭项目的人才储备质量发挥一定的作用。

关键词： 射箭；青少年训练；多元化训练

射箭项目在青少年时期进行多元化的运动训练会对提高身体机能、提高训练质量、保持训练的积极性方面起到积极的推动作用。竞技体育后备人才的培养是我国目前体育事业发展的重中之重，而青少年阶段的人才储备是我国竞技体育事业不断发展的基石。实践证明，只要国家青少年体育变强，国家的竞技体育事业就会腾飞。目前，我国射箭运动员的成绩并不稳定，其中一些非常优秀的运动员成绩起伏较大。我国青少年射箭运动员由于多方面原因，过早地进行专项化的训练，运动训练项目的单一化导致运动员过早地出现伤病从而影响运动寿命，运动员训练热情减弱、身体体能较差、基础不扎实等因素制约了技术的提高。而早期多元化的训练对射箭运动员的长期发展会起到积极的作用。

早期多元化训练是指青少年运动员在开始从事其专项训练之前，或者从事专项训练的同时进行其他多种运动项目的一种训练方式。早期多元化训练对于射箭运动员形成全面的技术风格、打好运动基础有至关重要的作用。同时，也使青少年运动员拥有强健的体魄、具备良好的认知能力和积极的心理状态；也增强了青少年运动员进行射箭运动的训练动机。

射箭项目多元化训练的概念包括身体力量（专项力量、核心力量），身体机能（灵活性、协调性、稳定性），心理建设（想象训练、培养自信），专项技术训练，这四类训练应该占比均衡。有些教练急功近利地要成绩，在训练上拔苗助长，一味地追求成绩提高而增加技术训练的时间是不利于训练的，因为青少年阶段是一个比较敏感的时期，单一的训练项目会让运动员倦怠、伤病等情况提前出现。

训练应遵循"从小培养、打好基础、系统训练、积极提高"这一训练原则。射箭项目是重复单一动作模式的周期性项目，技术、心理和体能在训练中占有重要的比例。射箭的制胜因素有"稳""准""狠""快"。"稳"的关键要素是身体重心的稳定，包含体能因素；"准"为着点准确、用力准确、控制准确，与力量因素有关；"狠"的关键要素是要内心坚定、充满信心，与心理要素有关；"快"指的是用力主动，撒放快，它是建立在"稳""准""狠"的基础上的。由此我们可以看出，体能基础训练和心智的成熟是射箭运动制胜的重要基础保障。而青少年时期是体能和心智最佳的开发阶段，同时也是最佳的训练阶段。多元化的训练就好比一棵大树的根，根部繁茂会帮助树干吸取更多的养分，树冠才会枝繁叶茂，长成参天大树。青少年时期多元化的运动训练会为日后的身体能力做好积累，更为技术的提高做好铺垫。

董国珍认为，过早地进行专项化训练，大负荷、高强度的训练会影响青少年的正常身体发育，损害身体健康；过早的专项化训练还会造成青少年基础打得不牢，特别是身体全面训练水平低，满足不了未来取得优异运动成绩的需求。李金华认为，青少年运动员进行早期专项化训练，过早在比赛中获取胜利，容易获得成功感和满足感，产生骄傲自满的情绪，难以自控，从而放松训练，失去奋斗目标。

在美国学习的三个月，笔者所学的都是与运动训练相关的学科，与青少年训练相关的内容也很丰富，同时又阅读了一些文献资料，再结合目前国内射箭项目基层训练的情况，从以下三方面阐述早期多元化训练对射箭项目的帮助。

一、多元化运动训练能够打好身体机能的基础，有助于更好地完成技术动作

田麦久在其项群理论中将射箭与射击一起归类为技能主导类表现准确性的项目，指出其技术特征是正确地瞄准与撒放。近年来，田麦久吸取了徐本力等人对项群划分提出的不同看法中的合理思考，建立了复合主导竞技能力的概念，提出拥有两种主导能力的项群类属，把射击、射箭等项目归属为技心能主导类项群。这样的划分有利于我们准确地认识专项的竞技规律，从而确定对应的训练理论和方法。

房晓伟和李少丹在《从中韩射箭运动比较探我国青少年射箭运动之发展》中写道："我国射箭项目很多运动员只能达到世界一般水平，而不能达到世界顶尖水平的主要原因，很可能与青少年的基础训练有关。当前，我国射箭项目的发展受到青少年基础训练的极大影响，许多在一线成年运动员身上表现出来的不足和弱点，其原因在很大程度上并不在于目前的训练，而应该追寻到青少年时期的基础训练。"[①]

射箭项目要求运动员具有敏锐、精细和准确的本体感觉以及清晰准确的表象能力，尤其是协调能力。而青少年时期是发展协调能力的最佳阶段，一旦失去了这样的训练时机，后期就很难通过训练得到发展。

目前，有些运动员在进入一线运动队后，由于在基层训练时身体机能训练不足，不能很好地做到教练所教授的技术重点，其原因大部分是身体能力不足以支撑技术的提高。而青少年时期多元化运动训练能提高身体机能，有助于更好地完成技术动作。

2008年北京奥运会射箭项目金牌"零"的突破者张娟娟，是在青少年时期从铁饼项目转项练的射箭。青少年时期多种体育运动打下的扎实的身体能力基础，对她日后的射箭生涯起到了助力。山东省是目前国内射箭项目实力强劲的省份之一，其后备力量雄厚，人才辈出，其中有部分运动员是青少年时期从其他运动项目转项练的射箭。从结果来看，大部分运动员都取得了非常优异的成绩。

目前，国内基层射箭运动队的运动员在进入一线运动队训练后，一部分

---

① 房晓伟，李少丹. 从中韩射箭运动比较探我国青少年射箭运动之发展 [J]. 南京体育学院学报（社会科学版），2011, 25（3）：109-112.

运动员由于身体能力的欠缺无法跟上队伍整体的训练节奏，这使教练意识到身体能力对射箭项目的重要性，在日常的训练安排上非常重视身体能力的训练。体能基础是完成射箭项目技术动作的有力保障，因为身体能力支撑技术动作，技术动作的合理化和一致性对运动员进入高水平行列至关重要。

二、多元化训练可提高认知能力、心理健康，有助于保持稳定的训练热情

心理学研究表明，体育运动不仅能促进成人认知功能的发展，同时也能够促进儿童认知功能的发展。

丁玲玲认为，早期专项化训练会影响青少年运动员的身心健康，不利于科学选材，不利于文化素质的提高，不利于运动项目的普及。韩胜利认为，早期专项化训练有以下弊端：第一，早期专项化训练不利于少年儿童身体全面发展，会损害他们的身心健康，也不利于对该项目的技术掌握。第二，早期专项化训练阻碍了运动员向高水平发展。运动员会因较早地取得一定的运动成绩，全面身体素质没有得到相应的发展，基础不扎实而不得不提前结束运动生涯。第三，少年儿童从开始训练到进入最佳成绩阶段，需要8~10年的训练，在长期枯燥、单调、大运动量负荷训练的作用下，少年儿童的生理、心理压力都是很大的。疲劳的积累，严重影响了训练课效果，其身体素质没有明显提高，专项成绩停滞不前。这种在生理、心理上的疲劳积累所造成的危害是长期的。

有学者指出，射箭是一项"心理能力"与"技术能力"共同决定竞技能力的运动。这足以体现射箭技能与心理能力之间的紧密联系。

大量研究显示，体育运动可以缓解个体的心理疾病症状，提高自尊心和自我效能感水平，提高主观幸福感，增强自信心，改善个体的人际交往能力和提升认知能力。

心理韧性与个体的身心健康有着密切的关系，每个人的心理韧性水平可以通过一定的训练而得到提高。有研究发现，不同运动等级的个体在心理韧性上存在一定的差异，运动等级高的个体拥有更高的心理韧性水平。

只有心智成熟和技术相互匹配才能取得更好的射箭运动成绩。青少年时期运动员的心智成熟度和认知能力都处在不完善的阶段，而多元化训练会从

不同维度刺激大脑和肌肉的发育，使其达到与技术相互匹配的程度，使训练效果有量的保障，进而达到质的提高。

三、多元化运动训练对伤病的预防起到积极作用

在进入专项化训练后，伤病成了阻碍成绩提高、缩短运动寿命的最大影响因素。而青少年时期的多元化训练可以刺激、完善多方面功能性肌肉的发展，让身体功能全面发展。只有身体功能强大才能支撑高强度的训练和比赛，无论运动员拥有多好的技术状态和心理状态，在伤病的影响下都会使其运动表现大打折扣。目前国内很多优秀运动员都是因受伤病的困扰无法应对高强度的训练和比赛，不得已选择退役。

射箭项目是单一动作的重复项目。在基层训练，青少年阶段的运动员每天训练的射箭数量在200支左右，而专业队的训练量为每天400~750支。专业队训练的负荷强度比基层队训练的强度大很多。因此，只有在青少年时期打好身体机能的基础，才能应对专业化训练后高强度的训练和比赛任务。

美国的一项研究表明，在青少年时期参与多项运动的运动员比早期进行专项化训练的运动员更少受伤，运动寿命更长。

米靖在《中国青少年训练存在的问题与未来出路》中写道："各级青少年队伍的教练要深刻认识和掌握青少年身心发育规律和运动项目的训练与竞赛规律，明确训练目标，鼓励儿童青少年参与更多的运动项目，限制训练负荷，选择多样化、趣味性强的训练方法、手段，以技术训练为核心，严格规范训练过程，扎实做好训练的每一个环节，提高青少年训练的科学化水平，全面提升我国青少年运动员的人才培养质量和效率。"[1]

对于伤病的治疗，预防是最有效的。青少年时期是身体机能训练的最佳时期，而多元化的训练是发展全面身体能力最有效的方法。

四、小结

随着社会的不断发展，体育被赋予更多的任务和使命。从事体育活动能强身健体，同时也可以健全人格。竞技体育是体育运动的"塔尖"，承载的是要在国际赛场上完成"升国旗、奏国歌"的任务。这项任务只能由一少部分

---

① 米靖.中国青少年训练存在的问题与未来出路[J].成都体育学院学报，2016，42（5）：77–82.

人承担，而强身健体和健全人格才是体育所承载的使命。因此，在青少年时期从事体育活动伊始，要从基础的功能性训练入手，只有打好扎实的身体能力基础，竞技体育事业才能有源源不断的新鲜血液注入。射箭作为技心能类体育项目，比较适合也更容易促进一个人的身心健康。射箭项目需要承载起强健身心的使命，同时更好地完成竞技比赛任务。因此，射箭项目重视青少年时期的多元化训练具有长远、有效、实用的意义。

参考文献

[1] 房晓伟 . 我国青少年射箭项目基础训练关键问题研究 [D]. 北京：北京体育大学，2012.

[2] 翟方阳 . 青少年运动员早期专项化训练利弊分析及对策建议 [D]. 北京：北京体育大学，2015.

[3] 董国珍 . 学校体育运动训练指南 [M]. 北京：高等教育出版社，1992.

[4] 李金华，郭津山 . 少儿早期专项化的弊端 [J]. 田径，2000（3）：12.

[5] 丁玲玲 . 乒乓球运动员过早专业化训练弊端的调查与分析 [J]. 南京体育学院学报（社会科学版），2006（6）：26-29.

[6] 韩胜利 . 谈谈少年儿童早期专项化训练的弊端 [J]. 沈阳体育学院学报，1996（3）：62.

[7] 房晓伟，李少丹 . 从中韩射箭运动比较探我国青少年射箭运动之发展 [J]. 南京体育学院学报（社会科学版），2011，25（3）：109-112.

[8] 田麦久 . 项群训练理论 [M]. 北京：人民体育出版社，1998.

[9] 米靖 . 中国青少年训练存在问题与未来出路 [J]. 成都体育学院学报，2016，42（5）：77-82.

[10] 雷盼 . 射箭训练对心理状态和认知能力的影响研究 [D]. 西安：西北大学，2017.

我国高水平摔跤运动员常见损伤的研究

广西壮族自治区重竞技运动发展中心　　钟雪纯

摘要：随着我国摔跤技术不断提高，竞争越发激烈，运动员在训练和比赛中经常会出现运动损伤。本文运用文献资料法、专家访谈法和逻辑分析法，对我国高水平摔跤运动员的运动损伤主要部位、特征、成因、预防和康复进行研究与分析。研究表明：①运动损伤主要部位为耳、颈、肩、肘、腰背、膝、踝等。②运动损伤主要形式有摔跤耳、半月板损伤、肌肉拉伤、关节扭伤、软组织挫伤和韧带拉伤等。③造成运动损伤的原因包括人体解剖结构的限制、准备活动的影响、思想认识不准确、训练水平不够等。根据研究结果提出预防损伤的措施，并提出相应的治疗手段、康复训练方法，从而提高运动员竞技能力，延长其运动寿命。

关键词：摔跤；运动损伤；预防

摔跤运动属于竞技对抗性项目，运动强度大、专业性较强，两个运动员身体间的对抗性接触较多。摔跤虽是一项只能摔、不能打的运动项目，但摔的技术动作变化多，具有突然性、不定向性，所以运动损伤的发生不可避免。摔跤运动员的损伤主要为急性损伤，不利于训练和竞技比赛的正常进行，影响摔跤运动员的竞技水平提升。本文分析了摔跤运动员的主要损伤部位、特征和损伤原因，提出相应的预防手段和康复治疗手段，有利于教练合理地安排训练内容和运动负荷，增强运动员的自我保护意识，及时做好预防损伤的措施，最大限度地降低运动损伤的出现概率，延长运动员的运动寿命，提高摔跤运动员的竞技能力。

一、研究对象与方法

（一）研究对象

以我国高水平摔跤运动员运动损伤作为研究对象。

（二）研究方法

1. 文献资料法

以"摔跤""运动损伤""预防"等为关键词，利用中国知网查阅相关文献30余篇；借阅与摔跤运动损伤相关的书籍，为本文研究提供理论依据。

2. 专家访谈法

对国家女子摔跤队、广西摔跤队主教练进行访谈，咨询有关摔跤损伤的问题；向两队的队医了解损伤治疗和康复的情况，并做详细记录。

3. 逻辑分析法

对收集的数据进行统计分析，通过指标来反映特征和数量的关系，以利于本文的数据研究。

二、研究结果与分析

（一）摔跤运动员运动损伤的主要部位

1. 耳部损伤

摔跤耳是摔跤运动员特有的一种运动损伤。由于摔跤项目的对抗性较强，运动员经常需要进行贴身格斗，在对抗的过程中，抱腿、夹颈背等技术动作在发力时经常要降重心并用头抵住对手，而对手要挣扎脱离或对抗，耳部自然会受到摩擦和压迫，最初可能出现耳部红肿、充血和破裂等情况，长时间的高强度训练，耳部软骨会出现折断破损，部分运动员伤未养好就投入训练，导致耳部软骨一再受损增生，耳朵的轮廓渐渐消失，形成肿胀，即形成摔跤耳。

2. 颈部损伤

颈部最常出现的是韧带、肌肉的损伤。摔跤中的抱肩颈滚桥技术使颈椎受到不同强度的外力挤压，颈椎周围的韧带、肌肉、软骨等不能适应外界压力，导致肌肉张力失衡。颈椎是由棘突韧带和颈项韧带相连接的，韧带出现损伤会影响颈椎的正常生理排序，从而导致颈椎变形，出现疼痛。

3. 肩、肘部损伤

肩关节、肘关节脱位是摔跤运动员上肢损伤的主要类型，在激烈的对抗中，运动员需要插入对手腋下，利用反关节和夹臂不断寻找合适的发力点，对手持续大力的反抗导致肩关节、肘关节脱位；摔跤倒地姿势不正确，用手支撑地面等，对肩肘关节损害比较严重，关节脱位还会伴有骨膜、关节囊、韧带、肌腱等组织的损伤。

4. 腰背部损伤

腰背部属于人体的核心区域，是上肢和下肢的枢纽，腰背部肌肉力量在摔跤运动中起重要作用。摔跤运动员长期保持弯腰的状态，使腰部长期处于屈伸的状态，导致腰部肌肉反复收缩或牵拉，若训练后没进行充分的拉伸放松，易造成慢性损伤，从而导致疼痛。摔跤运动员做提抱和滚桥的动作，长期利用腰背部的突然发力，脊柱承受压力时，会引起纤维环破裂，髓核从纤维环的部位突出，压迫脊柱神经，产生腰腿疼痛，这种状态称为腰椎间盘突出。

5. 膝、踝部损伤

膝关节损伤在自由式摔跤中发生的最多。首先，在与对手对抗的过程中，运动员需要利用下肢蹬地发力，对膝关节压迫较大。其次，抱腿技术是每个摔跤运动员的基础技术，使用的频率最高，由于抱腿动作的速度快、刺激大，压迫膝关节的前侧，过度的外翻外旋容易造成半月板损伤、前后交叉韧带损伤、内外侧副韧带损伤。最后，摔跤运动员要将重心降低，就必须屈膝屈髋，这就使股四头肌长期处于紧张状态，而课后教练和运动员往往忽视股四头肌的放松，导致膝关节周围的肌力失去平衡，膝关节损伤概率增大。另外，自由式摔跤运动使用腿部的次数较多，如果运动员踝关节肌肉力量和柔韧性较差，也容易导致损伤。

（二）摔跤运动员运动损伤主要特征分析

摔跤项目运动损伤包括急性损伤和慢性损伤。急性损伤是指病程在两周之内的损伤，摔跤运动员以急性损伤为主，如急性颈部扭伤、关节扭伤和急性腰扭伤等；慢性损伤是由于长期不正确的技术动作而引发的炎症或由于急性损伤治疗不当而引起的慢性迁移，如腰肌劳损、摔跤耳和椎体退行性变等。

按运动损伤的程度划分，可分为轻伤、中度伤和重度伤。轻伤是指对运动员的训练和生活不造成影响，如摔跤耳、皮肤裂伤等；中度伤是指在受伤后短时间内不能按原计划进行训练，需要减少运动量或者对除了患肢以外的部位进行训练，如肌肉拉伤、关节扭伤等；重度伤是指运动员完全不能参加训练，对生活也造成了一定的影响，如脱位、骨折和肌腱损伤等。

（三）摔跤运动员运动损伤成因分析

1. 身体解剖结构特点

与肩关节的解剖结构有关。肩关节属于球窝关节，球窝关节的活动范围广、稳定性较差，关节窝较浅，只包住关节头的1/3，关节囊薄弱且松弛，易发生损伤；肩、肘关节周围的肌肉力量不足，大部分摔跤运动员缺乏对小肌肉群力量的重视，导致肩肘关节不够牢固，容易脱位。

2. 准备活动不够充分、针对性不强

准备活动不够充分会导致人体内脏器官处于生理惰性，肌肉黏滞性较大，不能达到兴奋状态，进入工作状态时程增长，易造成损伤；准备活动强度过大，导致身体过早疲劳，在正常训练时容易出现损伤；准备活动内容针对性不强，未与本节课正式训练内容对接，或准备活动间歇的时间过长，准备活动的生理效应已经消退，都会导致运动员受伤。

3. 思想认识不准确

大部分运动员认为，无伤不能出成绩，觉得运动损伤属于正常现象，不重视分析运动损伤的原因，对预防运动损伤知识了解较少；在训练中注意力不集中，训练动作不规范；在比赛中好胜心较强，进攻比较盲目。

4. 训练水平不够

运动训练一般包括身体素质、技战术能力、心理素质和自我保护的能力等，摔跤运动中，肩、肘、膝、踝等关节容易损伤，主要是由于关节特点限制和肌肉力量不足；不能掌握正确的技术动作也易造成运动损伤；对专业理论不够熟悉、缺乏自我保护意识也是运动损伤发生的原因。

5. 特殊情况下易损伤

在赛前快速降体重会造成运动员营养不足、脱水严重、体重下降过快，进而导致抽筋、体力衰弱；血液会随着水分不断流失而变得黏稠，心脏需加速跳动来推动血液流动，很容易造成肾脏功能受损和大脑损伤，会导致心血管系统循环衰竭而造成损伤；女生在月经期间，抵抗力较差，体质较弱，伴有痛经现象，身体较平常虚弱，损伤的概率增大。

（四）摔跤运动员运动损伤的预防措施研究

1. 耳部损伤预防措施

女生可以留长发，头发可对耳部起到一定的保护作用；训练和比赛前充分揉搓耳部，直至耳部产生温热，有利于预防和减少耳部的损伤。

2. 颈部损伤预防措施

准备活动做一些专项的基本功练习来防止颈部损伤，如过头翻、绕头操等，训练结束后进行积极的放松和拉伸，能有效防止颈部肌肉过度紧张。加强对胸锁乳突肌、斜方肌、颈夹肌等颈部周围小肌肉群的锻炼，提高颈部肌肉力量、耐力和柔韧性。加强专业技术动作的学习，如摔跤对抗中需要用强有力的头桥动作来摆脱威胁，故需保持颈部肌肉的持续紧张；做滚翻倒地练习时，需勤加练习倒地转头动作，避免脸直接着地造成更严重的运动损伤。

3. 肩肘关节脱位预防措施

在日常的生活和训练中，运动员可每天做肩部活动，增强肩袖的肌肉力量，如冈上肌、小圆肌和肩胛下肌等肩袖肌群，应适当进行拉伸运动；准备活动要充分，注意间隔时间，体能训练在先，专项训练在后；选择合理的训练方法，掌握正确的运动技术。

4. 腰背损伤的预防措施

增强腰背肌力量练习，纠正错误的训练姿势，训练时采用保护带；进行系统的柔韧性训练，改善腰骶部肌肉张力不平衡状态，增加髋部的活动范围，避免腰部代偿性活动，加强背部肌肉力量和稳定性。

5. 膝踝损伤的预防措施

踝关节必须做好牵拉、加强肌力等；踝关节不稳或周围韧带损伤，需进行现场处理，如局部封闭、按摩、理疗；加强踝关节肌肉力量练习，特别是针对参与专项技术动作的小肌肉群的训练。培养教练、运动员预防损伤的意识，加强保护措施；队医加强医务监督，详细记录每名队员的身体状况。

（五）摔跤运动员运动损伤治疗和康复训练研究

1. 摔跤项目运动损伤治疗办法

（1）耳部损伤治疗：①一旦发生耳廓充血的情况，可进行冷敷。血肿较轻者多可以吸收自愈或仅留局部轻度增厚。②对于形成较严重的耳廓血肿者，应严格用酒精消毒后，以粗针头沿耳廓平面穿刺，抽出血液，注意勿伤及软骨，再用无菌棉球或碘仿纱布加压包扎，一般在48~72小时内更换敷料。③发生轻度耳廓充血后，应立即采用保护措施，如佩戴护耳帽等，避免近期内再次遭受暴力挤压和撞击，耳廓恢复后再进行技术训练。④耳廓变形治疗，若采用手术治疗应在变形后半年至一年进行。

（2）肩肘关节脱位治疗方法：①针对肩部肌肉出现断裂的情况，需要进行手术治疗，包扎固定防止二次伤害。②对于肩关节脱位，用大悬臂带悬挂伤肢前臂屈肘位。③肘关节脱位，用钢丝夹板弯成合适的角度，置于肘后，用绷带固定后再用大悬臂带挂起前臂。④针对急性损伤造成肩周炎，运动员可对其进行按摩和理疗等，让手臂一直处于放松状态。

（3）腰肌劳损治疗方法：腰肌劳损的原因是肌肉紧张和扭伤，所以治疗的原则是使腰部肌肉放松，防止腰部肌肉痉挛，保持腰部软组织受力平衡。以下几个动作能够锻炼腰部肌肉：①屈腿运动。患者仰卧位，将一侧下肢屈膝屈髋，使膝关节尽量靠近躯干，同时双手抱膝，维持1~2分钟后还原，下肢按交替做上述的动作。②直腿抬高运动。患者成仰卧位，双腿伸直，交替做直腿抬高运动，抬腿与地面成50~60度夹角，一侧下肢抬高后维持5~10秒后放松，再抬起另外一侧下肢，两侧交替进行。③患者仰卧，先练习五点支撑法，即患者用头部、双肘、双足将身体撑起，使腰背部离开地面，身体成"拱桥形"；再练习三点支撑法，即患者用头部和双足将身体支撑离开地面，双臂抱于胸前；机体恢复到一定程度可运用四点支撑法，即用双手、双足将身体支撑起来，使身体成"拱桥形"。

（4）腰椎间盘突出治疗方法：①使用麦氏疗法缓解疼痛。主要是锻炼、拉伸背部肌肉。②徒手牵引治疗。可以使腰椎间隙增大、椎间空孔增大，减少神经根的压迫和刺激，还可使腰部肌肉放松，解除肌肉痉挛，促进突出的椎间盘还纳等疗效。③对抗牵引法治疗。两个人朝相反的方向用力，达到牵引腰椎的目的。④自体牵引法治疗。利用自身的重量或肢体运动产生的动力进行牵引的方式。⑤移体牵引法治疗。利用增大移动的幅度达到增强牵引脊柱的目的。牵引治疗应在医师和专业人员的指导下进行，严格执行牵引计划，不能轻易否定，及时观察治疗效果，加强自我保护意识，注重个体差异。

（5）半月板损伤治疗方法：①预防半月板损伤主要应加强对股四头肌的

训练，运用深蹲、弓步和腿屈伸训练器械等进行针对性锻炼。②推拿手法可治疗膝关节半月板损伤，消除瘀肿，活血止痛，恢复功能。③治疗膝关节外侧半月板急性嵌顿性损伤，可运用外旋过伸屈膝法。患者仰卧，治疗师站于患者的损伤侧，一手握膝，另一手握踝，使患者小腿被动外旋下过伸膝盖，然后使其膝关节过度屈曲，再缓慢伸直。④半月板轻度裂伤可运用回旋伸膝按压法。内旋过伸屈膝法与外旋过伸屈膝法相似，只是在小腿被动内旋的姿势下过伸过屈膝关节。结束后，治疗师用双手轻轻揉搓患者损伤的膝关节两侧，直至其出现温热感，再用拇指沿关节间隙自前向后推、按压两侧半月板边缘数遍。

（6）膝盖周围韧带损伤治疗方法：①轻微损伤需立刻抬高患肢，立即冷敷或用自来水冲淋，随后加压包扎，固定休息，使毛细血管收缩，防止肿胀、制动，通过关节护具或石膏对肢体进行固定。②侧副韧带损伤严重时，要及时停止运动，患者需进行关节镜下前（后）韧带重建手术治疗，还要进行专业康复，手术后10~12个月通过患肢肌力测试、膝关节屈伸角度及平衡功能来评估运动员是否能正常训练和比赛。

2. 摔跤运动损伤的功能性训练

身体功能性训练有利于预防运动员的运动损伤，提高运动员的训练效率，延长运动员的运动寿命，提升运动员的竞技能力。在运动损伤康复的早期，评估是功能性训练的前提，关键是要找出损伤的原因，根据结果给出针对性的功能锻炼方法。遵循一定的处理流程和损伤康复原理，可有效降低损伤加重和复发的风险，加快损伤的恢复。

人体的动力系统、姿势维持、动作模式都是由肌肉协调完成的，运动损伤按先解决肌肉紧张状态、恢复肌肉力量和本体感觉训练的流程进行，具体如下。

（1）肩部肌肉损伤的康复训练：①肩部损伤常见原因是后旋肌群、肩后肌群紧张收缩，要对相应的肌肉进行拉伸，例如，靠墙肩后侧牵拉、侧卧肩后牵拉。②肩关节后旋肌群疲劳和力量下降，肩胛骨稳定肌下降引起肌肉不平衡，需进行力量练习，包括坐姿肩外旋、站姿肩外旋扩胸、跪姿肩前屈、俯卧撑爬行等练习。

（2）膝关节损伤的康复训练：①静力性锻炼股四头肌和股二头肌肌群，运动后注意肌肉牵拉放松；②需加强髋部稳定和单腿下蹲的控制能力；③加强臀部的力量，下蹲时多运用髋关节，减少过度屈膝，加强核心的控制能力和平衡稳定能力。

（3）腰部损伤的康复训练：①在训练中要加强腰腹部肌肉力量训练，主要是腹直肌、腹内斜肌、腹外斜肌、腹横肌及髂腰肌、骶棘肌和腰背筋膜的力量训练，以增强对抗性。②锻炼背部和腹部深层维持姿势的肌肉，再进行系统的柔韧性练习、背部肌肉和腹肌的力量练习，增强下腰部的稳定性，练习动作包括臀桥、背起、俯卧飞燕式等，还可运用按摩、理疗和针灸的方法。

（4）足、踝损伤的康复训练：进行小腿肌肉的牵拉放松，加强足外翻与背屈力量，加强小腿三头肌的离心力量以及足底肌群的力量。

三、结论

最大限度减少运动损伤的方法是要做好预防工作。在日常的训练中，教练应合理安排准备活动和训练课运动负荷，加强身体各部位肌肉的力量练习；学习预防损伤的理论知识，加强自我保护意识，学会多种急性损伤处理办法；掌握科学的康复训练手段；等等。只有当教练和运动员同时重视运动损伤，并采取相应的预防和康复措施，才能获得预期效果，提高运动员竞技能力。

参考文献

[1] 谭周荣，王艳琼，杨栋林.广西古典式摔跤运动员运动损伤调查分析 [J].体育科技，2009，30（1）：48-50.

[2] 崔馨颐.男子自由式摔跤运动员运动损伤调查研究 [J].武术研究，2017，2（12）：97-99.

[3] 郝会凡.如何防治古典式摔跤运动的损伤 [J].赤子（上中旬），2015（17）：322.

[4] 刘雪波，陈家贵，李霞，等.我国摔跤运动员运动损伤现状分析 [J].体育科技，2010，31（1）：81-85.

[5] 张传光.我国优秀摔跤运动员运动损伤调查分析[J].体育科技文献通报，2005（7）：38.

[6] 马龙 . 烟台市青少年摔跤运动员损伤的流行病学调查及预防对策探讨 [D]. 济南：山东体育学院，2017.

[7] 吴鹏 . 功能动作筛查（FMS）在男子摔跤训练中的应用 [D]. 武汉：武汉体育学院，2015.

[8] 孙红梅 . 赛前训练对中国式摔跤女运动员心肌损伤标记物影响及茶多糖干预研究 [J]. 体育科学，2014，34（10）：59–66.

专家授课
记 录

美国青少年体育的长期发展

授课日期： 2019年9月24日
授课专家： 安东尼·莫雷诺博士

内容概述：

儿童和青少年的体育兴趣爱好要重点培养，不宜过早进行专业化训练。兴趣是内驱动力，有利于增加体育人才的基数，使儿童和青少年长期保持良好的锻炼兴趣。

培训现场

记录人：陈惠超　许亚萍

体育人才的选拔

授课日期： 2019年9月25日
授课专家： 乔·艾森曼博士

内容概述：

在人才选拔方面，中国与美国有着很大的差别，这种差别主要体现在青少年的项目多样化和一系列的数据化选拔等方面。俄罗斯和美国在这方面的差别也很大。美国商业化程度高的项目，让运动员在儿童和青少年时期参加过多的商业比赛，不利于儿童和青少年的健康。

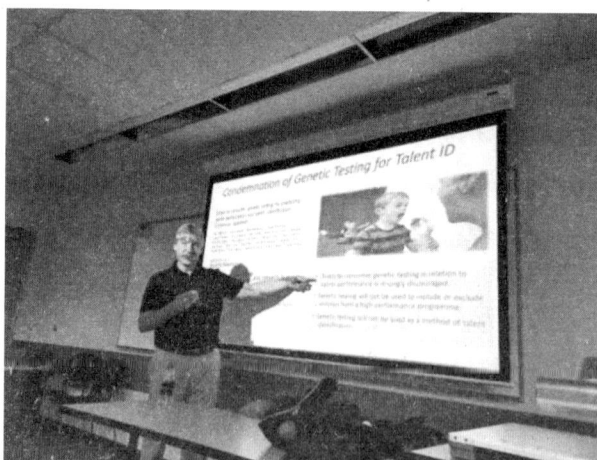

授课专家乔·艾森曼博士

记录人：陈惠超　许亚萍

参观东密歇根大学运动设施

授课日期： 2019年9月26日

授课专家： 安德鲁·罗登

内容概述：

美国的后备人才储备在大学期间已经完成，体育设施配备完善、人才储备体系成熟，文化和荣誉感让他们的运动员拥有良好的奋斗精神，有很多值得我们学习的地方。

学员们合影

记录人：陈惠超　许亚萍

青少年的成长与成熟过程

培训日期：2019年9月30日
培训专家：乔·艾森曼博士

内容概述：

    人类在青少年时期的成长发育特点要求教练及参与训练工作的人员遵循客观规律，根据项目特点设计合理的热身及训练模式。在不破坏青少年运动员正常的成长发展前提下逐渐使其成为一名身心健康、具备良好素质及基本技术技能的成年运动员。

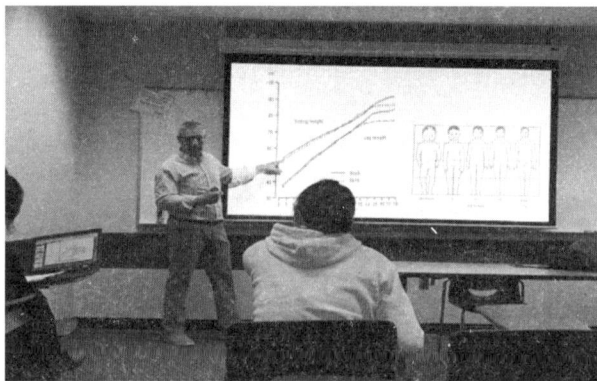

乔·艾森曼博士在认真讲课

记录人：黄潇潇　钟雪纯

运动员运动生涯的长期规划及
周期训练计划制订

授课日期： 2019年10月1日（上午）
授课专家： 约瑟夫·F.马赫

内容概述：

授课专家分析了运动员从青少年开始的运动生涯长期发展规划在美国体制下的特点及其制订的相关要求。同时，对小周期、中周期训练计划制订的原则、特点进行了阐述。

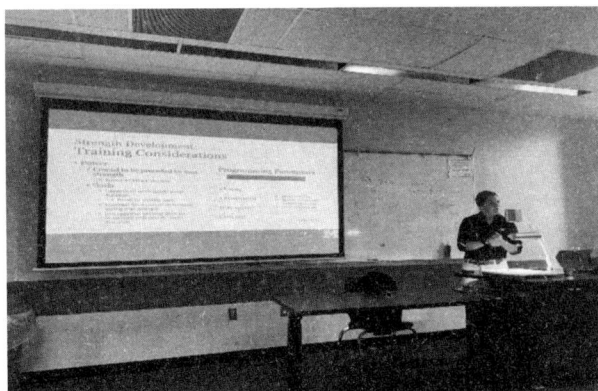

授课专家约瑟夫·F.马赫在授课中

记录人：黄潇潇　钟雪纯

周期性训练计划制订

授课日期：2019年10月1日（下午）
授课专家：凯瑟琳·海科克

内容概述：

授课专家曾为专业运动员，退役后有不同运动项目的随队工作经验，目前为东密歇根大学橄榄球队体能教练。她对在美国的竞赛体制下如何根据项目特点进行年度身体及力量训练进行了阐述，并与学员进行了交流。

学员课后与授课专家凯瑟琳·海科克进行交流

记录人：黄潇潇　钟雪纯

教练领导艺术及自我修养的相关内容

授课日期： 2019年10月2日（上午）
授课专家： 蒂姆博士

内容概述：

授课专家根据教练工作的特殊性，对在美国体制下教练应具备的领导艺术及修养进行了阐述，并与学员进行交流。具体内容涵盖心理学、沟通艺术、情商培养等不同角度、不同层面的知识。学员学习热情高涨，课后就不同体制下教练执教艺术的特点与授课专家进行了交流。

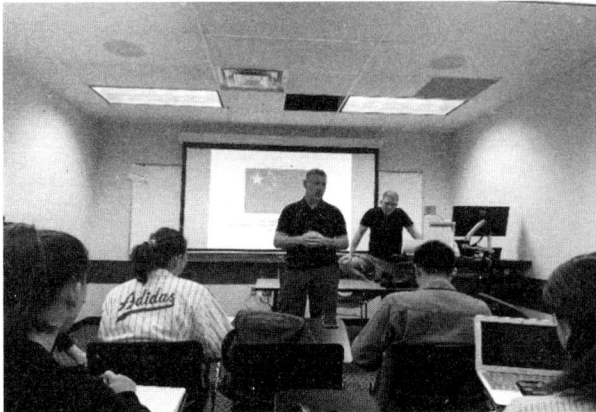

授课专家蒂姆博士（中）在授课中

记录人：黄潇潇　钟雪纯

参观东密歇根大学室内田径馆及力量房

授课日期： 2019年10月2日（下午）

内容概述：

    全体学员参观了东密歇根大学的室内田径馆。参观期间，场馆负责人向学员介绍了该校田径队的发展历史及现状。同时，负责人就场馆的使用情况、运行机制进行了简单介绍。

东密歇根大学的室内田径馆

记录人：黄潇潇　钟雪纯

如何设计、组织和运用运动员的测试以及评价测试数据分析

授课日期： 2019年10月7日
授课专家： 乔·艾森曼博士

内容概述：

　　高效地运用测试能帮助教练了解运动员、预测运动员的潜力，有利于医学伤病的诊断和预防、制订训练计划、激励运动员、提升运动员的能力以及评价训练是否有效。设计和组织测试需要尽可能地减少偏差。在进行身体运动能力测试的时候，需要先进行灵活性、协调性、技巧性强的测试，再进行大力量、耗费体力的测试。最后还需要对数据进行整理分析，给出一份教练和运动员都能看得懂的图表。

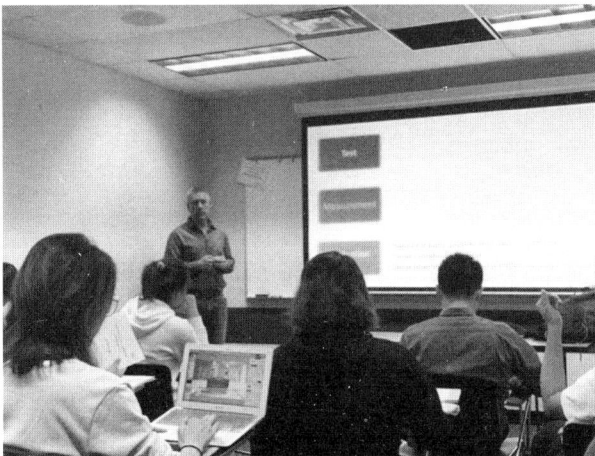

乔·艾森曼博士在授课中

记录人：黎佳韵　王晓理

运动员训练项目设计的思考

授课日期： 2019年10月8日

授课专家： 安东尼·莫雷诺博士

内容概述：

要从运动员需求分析、训练项目的选择、训练的频率、训练项目的顺序安排、训练的强度、训练的数量以及休息和恢复等角度思考和设计运动员的训练项目。

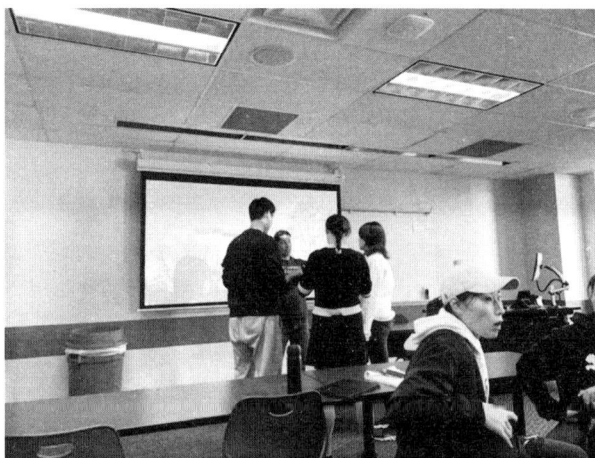

学员向授课专家安东尼·莫雷诺博士提问

记录人：黎佳韵　王晓理

训练前的生理和心理健康筛查测试

授课日期： 2019年10月9日

授课专家： 丹尼尔·沃洛克

内容概述：

丹尼尔是一位和专业教练及与训练队合作的物理治疗师。他讲述了物理治疗师在运动队中的作用。在训练前，教练需要对运动员进行生理和心理方面的健康筛查，通过筛查了解运动员的各项指标，合理安排训练强度和训练量，预防运动损伤的发生，并得到运动员的信任，从而让训练达到最佳效果。丹尼尔还在课堂上演示了各种筛查项目和通过筛查得出的结果，学员们都亲身体验了筛查项目并认可丹尼尔的分析。

授课专家丹尼尔·沃洛克为学员指导动作

记录人：黎佳韵　王晓理

参观Legacy Center私人体育俱乐部

授课日期： 2019年10月10日

授课专家： 凯文和德鲁

内容概述：

Legacy Center 体育俱乐部成立于2013年，是一家为周边大约30英里（1英里≈1.61千米）的学校、家庭和俱乐部提供服务的机构。该俱乐部里可以进行足球、棒球、垒球、排球、摔跤、体能健身还有瑜伽等项目的训练。其主要盈利方式是场地租用、培训成人和青少年，还有赞助商的广告。俱乐部拥有专业的教练团队和训练设施，能让孩子从小就接触到专业的体育训练，保证其身体健康成长，养成良好的锻炼习惯，也有可能让孩子进入大学校队或者成为专业运动员。

Legacy Center体育俱乐部的足球场

记录人：黎佳韵　王晓理

运动员训练负荷与训练反应的监测及如何使用数据来管理训练负荷

授课日期：2019年10月14日

授课专家：乔·艾森曼博士

内容概述：

乔·艾森曼博士在上午的授课中讲述了对运动员的训练进行检测的目的和重要性。检测的目的是更深入地了解和掌控运动员的训练强度及身体状态，检测的重要性是为了设计更好、更适合运动员的训练计划来提高他们的竞技水平。

下午的授课主要讲解怎样使用数据来管理训练负荷。将通过短期负荷和长期负荷的计算公式算出的数值对照数据表，如超过1.5则是过量训练，低于1则是训练不足。教练可以通过这样的方法来掌控训练量，既可以保证训练效果，又可以降低运动员的受伤概率。

记录人：赵容　赵玲

如何进行热身训练

授课日期： 2019年10月15日

授课专家： 吉姆·基尔巴萨

内容概述：

    这是一堂实践课，吉姆老师为学员们讲解了多种热身方法及做热身训练时的注意事项，并亲自示范如何带队员做热身训练。他建议热身时间为7~20分钟，每个动作不需要做很多次，否则会导致疲劳。最后让学员们每个人按照所学做一个热身训练计划。王晓理和钟雪纯进行了实践带课练习。

授课专家吉姆·基尔巴萨示范动作

记录人：赵容   赵玲

如何提高运动中的灵活性、稳定性和柔韧性

授课日期: 2019年10月16日

授课专家: 丹尼尔·沃洛克

内容概述:

    本次授课以理论讲述配合实践课的方式进行,授课专家丹尼尔依次帮助赵容、王晓理、钟雪纯做了筛查,以他们为例告诉大家筛查的过程及发现问题后应该如何去解决,并为学员们详细讲述和演示提高灵活性、稳定性和柔韧性的方法和练习动作,学员们全部都投入实践课中亲身体验。提高灵活性、稳定性和柔韧性的目的是更好地保持躯干及肌肉的平衡,让它们正确地发挥作用,从而减少受伤。

记录人:赵容　赵玲

参观密歇根州立大学

授课日期： 2019年10月17日

内容概述：

全体学员参观了密歇根州立大学。上午参观了橄榄球的训练场地、休息室、会议室、健身房、康复治疗室。下午先是在校区里参观建筑设施（早期建造的图书馆、钟楼、花艺园等），然后又参观了其他体育项目的场馆、休息室、康复治疗室及健身房。

密歇根州立大学橄榄球训练场地

记录人：赵容　赵玲

举重基础训练

授课日期： 2019年10月21日
授课专家： 弗雷德·黑尔

内容概述：

东密歇根大学体能教练弗雷德·黑尔在上午的授课中讲述了举重基础训练的下肢技术动作。下午的授课主要讲解上肢基础训练的理论知识及实践，如借助弹力带、哑铃、杠铃等确保举重基础训练能够顺利进行。

授课专家弗雷德·黑尔在训练场地授课

记录人：龙清泉　赵菁

奥林匹克的举重项目

授课日期： 2019年10月22日

授课专家： 阿什莉·杰克逊

内容概述：

上午的理论课中，东密歇根大学体能举重教练阿什莉讲解了奥林匹克举重项目的起源与发展，并且播放了相关视频，展示了比赛分解图片。通过直观地观察分析举重项目对于提高全身的爆发力、速度、协调性、灵敏性都有非常好的作用。

下午在举重教室进行了实践操作，学员们在两位教练的保护与指导下进行上举、抓举、挺举等基础练习。

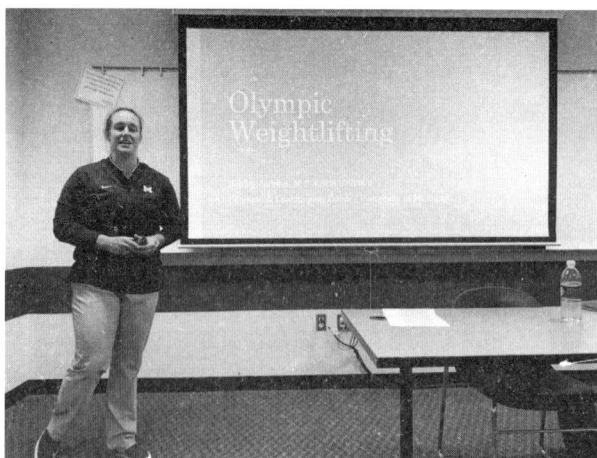

授课专家阿什莉·杰克逊

记录人：龙清泉　赵菁

东密歇根大学体能与力量训练

授课日期： 2019年10月23日

授课专家： 凯瑟琳·海科克

内容概述：

    上午的理论课中，东密歇根大学体能教练凯瑟琳·海科克用课件演示的方式，为学员介绍了一款他们正在使用的力量测试仪器。

    下午的实践操作大家都积极学习并实际操作力量测试仪器。

学员试用力量测试仪器

记录人：龙清泉　赵菁

参观东密歇根大学综合体能训练中心、先锋高中

授课日期： 2019年10月24日

授课专家： 卢和本杰明

内容概述：

全体学员在上午参观了东密歇根大学的综合体能训练中心。东密歇根大学总共有31支运动队，近900名学生运动员，12名全职体能训练师，5名全职营养师，每年有近500万美元的资金投入到运动员的营养方面。综合体能训练中心设有补给站，方便给运动员供能。室内田径馆的跑道内圈为200米、外圈为400米，200米跑道可全部升降成比赛坡度，十分先进。

下午参观了先锋高中。安娜堡市一共有6所高中，先锋高中是其中之一，其享受政府扶持。先锋高中总共有30支运动队，近400名学生运动员。该校的女子田径队，男子水球队、游泳队、跳水队均取得过不错的成绩。

记录人：龙清泉　赵菁

怎样提升移动速度和加速能力

授课日期：2019年10月28日

授课专家：吉姆·基尔巴萨

内容概述：

上午的课程主要讲述和演示如何提高运动员的速度爆发力。短跑运动除了对运动员的爆发力、用力角度、着地时间的要求极高以外，正确的训练方法也很重要，不能过量地进行体能和力量的训练，否则会起到反作用，不易提高运动员的速度。

下午是以座谈会的形式介绍学员美国体育发展的商业模式，以介绍大学联盟为主。

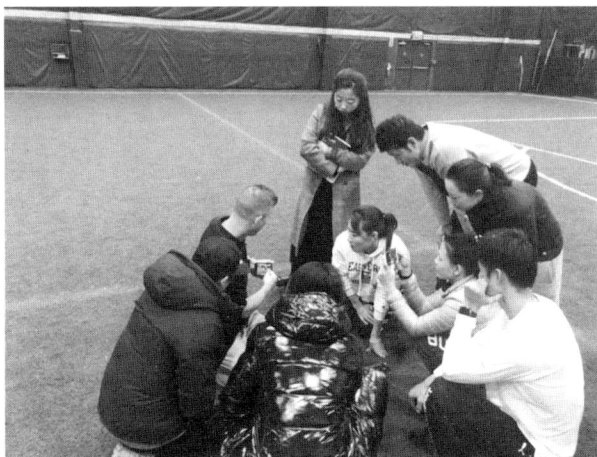

授课专家吉姆·基尔巴萨为学员做讲解

记录人：李琪　乔森

爆发力训练、增强式训练和灵敏性训练

授课日期： 2019年10月29日
授课专家： 吉姆·基尔巴萨

内容概述：

　　吉姆老师为学员们讲解并示范如何进行爆发力训练、增强式训练和灵敏性训练。神经反应训练就是增强式训练，可在准备活动完成以后进行，时间不要超过30分钟。通过此训练可增强反应速度和神经灵敏性，其训练方法有强力跨步跳、提膝跳、横向跨步跳等。他还专门讲解了离心收缩和向心收缩的重要性以及一些训练方法，学员可根据自己的专项进行实际操作。

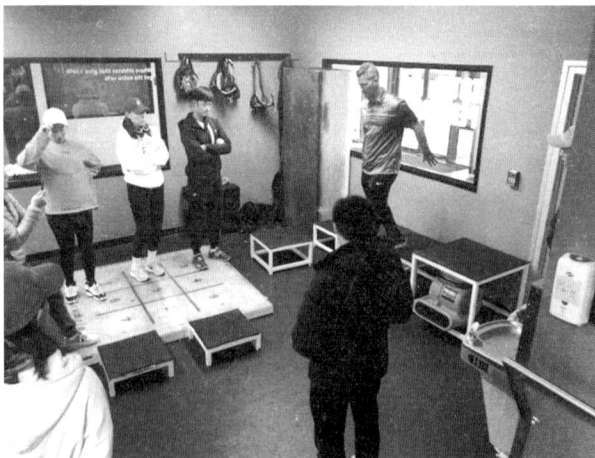

授课专家吉姆·基尔巴萨在做示范

记录人：李琪　乔森

运动心理学对体育运动的作用

授课日期： 2019年10月30日

授课专家： 杰弗里·科洛博士

内容概述：

本堂课中，心理学教授杰弗里·科洛讲解了运动心理学对体育运动的作用。通过运动心理学的积极影响和各种方法引导、帮助运动员有更好的运动表现。

记录人：李琪　乔森

参观底特律红翼冰球队、活塞篮球队主场的训练、比赛场馆

授课日期： 2019年10月31日

授课专家： 安东尼·莫雷诺博士

内容概述：

全体学员参观了底特律红翼冰球队、活塞篮球队主场的训练、比赛场馆，冰球的场地、休息室、会议室、健身房、康复治疗室以及队员们进餐的地方。

记录人：李琪　乔森

如何阅读论文和撰写论文

授课日期： 2019年11月4日

授课专家： 乔·艾森曼博士

内容概述：

写论文前要做足准备，阅读更多的文献，了解多领域的知识，然后把所有相关的资料汇总起来。一点一点地积累，写的时候需要远离与写作无关的事，要专心致志。

记录人：陈惠超　许亚萍

神经系统的相关知识

授课日期： 2019年11月5日

授课专家： 安东尼·莫雷诺博士

内容概述：

一个神经元可以和成百上千的神经元接触。通过反复训练可以达到使用更少的胆碱完成动作的效果，从而提高运动能力。训练技战术就是在训练本体感知能力。

记录人：陈惠超　许亚萍

探讨如何撰写论文

授课日期： 2019年11月6日

授课专家： 乔·艾森曼博士

内容概述：

每位学员都上台说出自己的论文主题，谈谈为什么写这一主题。然后，乔·艾森曼博士会给出一些建议，让大家更好地完成论文。

记录人：陈惠超　许亚萍

生物力学相关知识

授课日期： 2019 年11月7日

授课专家： 安东尼·莫雷诺博士和蒂姆博士

内容概述：

生物力学是由动力学和运动学两个模块组成的。惯性是阻碍运动的一种力。

测试生物力学的设备：由八台摄像机全方位捕捉，在地板上有两块重力板，人在上面运动的力都会在电脑上显示出来。这样测试的目的是更好地提高运动能力和预防由错误姿势所带来的伤病。

记录人：陈惠超　许亚萍

耐力型项目运动员的训练方法

授课日期：2019年11月12日
授课专家：凯尔博士

内容概述：

　　授课专家阐述了耐力型项目的定义、训练特点和注意事项。同时，授课专家就如何制订提高耐力项目运动水平的短期训练计划和长周期训练计划给予了很多科学的建议。同时，他也为大家介绍了通过科技设备和自测等手段实现机体监控的多种方法。配合训练及参赛采取正确及时的营养补给和膳食搭配也能够有效地帮助运动员提高运动成绩。此外，在做好防护的情况下配合适当的无氧力量训练，也能有效提高有氧耐力以及耐力型项目运动员的训练能力。

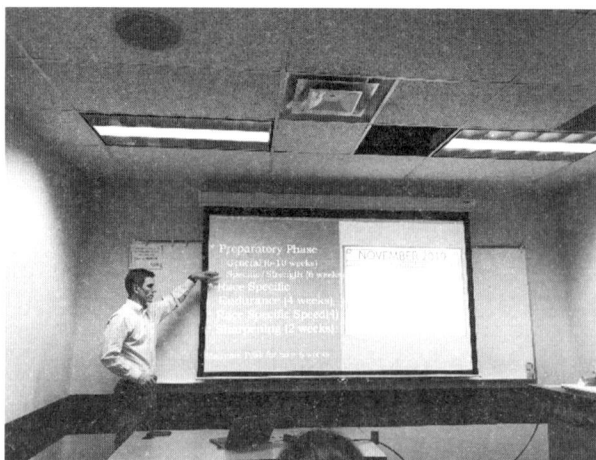

凯尔博士在授课

记录人：黄潇潇　钟雪纯

高海拔训练与极端环境

授课时间： 2019年11月13日

授课专家： 罗斯·舍曼博士

内容概述：

    高海拔训练应注意有氧体能的训练，恢复慢则要及时补充蛋白质。同时考虑到每个人对高原训练的反应差异，要随时观察被训运动员的反应。检测手段可以选择血项监测、肌力测试及基本健康水平测试。要减少无氧训练及最大力量的训练。

    在高温或低温等特殊环境下的训练及参赛，首先需要注意保护运动员的健康。运动员在高温环境下训练和参赛需要科学且规律地补充液体、糖、电解质和维生素。而关于运动员在极冷环境下训练与参赛应如何保证机体温度并提升运动能力方面，授课专家对学员的研究结果进行了很好的梳理并提出建议。

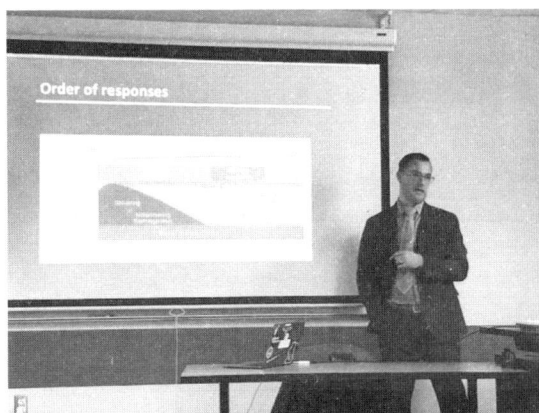

罗斯·舍曼博士在授课中

记录人：黄潇潇　钟雪纯

人体生理成分和结构

授课时间： 2019年11月18日（上午）
授课专家： 乔·艾森曼博士

内容概述：

乔·艾森曼博士从人体生理结构出发，讲述了不同的运动项目对运动员身高、体重、骨骼肌肉分布等的不同需求，有的运动员的身体结构就决定了他能从事什么样的体育项目，而力量、耐力、爆发力、柔韧性等身体素质都与身体构成有直接关系。

乔·艾森曼博士课后答疑

记录人：黎佳韵　王晓理

心理学案例分析

授课时间： 2019年11月18日（下午）
授课专家： 杰弗里·科洛博士

内容概述：

杰弗里·科洛教授为我们讲授了运动心理学的内容，分析了高尔夫球、马术和体操等项目运动员的心理个案，并为我们讲述了心理治疗师和运动员合作的流程。

记录人：黎佳韵　王晓理

运动营养学相关知识

授课时间： 2019年11月19日
授课专家： 卡丽·阿普丽尔

内容概述：

卡丽·阿普丽尔是一位营养学专家，曾跟随美国国家队参加冬奥会。她主要从能量的来源、补充能量的时机、补水的作用和时间以及旅途参赛的补给注意事项等几方面为学员讲授了运动营养学的相关内容。

记录人：黎佳韵　王晓理

比赛和训练的恢复

授课时间：2019年11月20日

授课专家：罗斯·舍曼博士

内容概述：

罗斯·舍曼博士首先介绍了各种各样的恢复手段，包括热疗、冷疗、按摩、睡眠、电疗和饮食补充等，这些都是帮助运动员恢复的必要手段，再配合科学的周期化恢复计划，运动员的恢复速度就能稳定，能有效地提高训练效率，同时也能够预防伤病。

记录人：黎佳韵　王晓理

参观东密歇根大学女子篮球队训练和运动心理课程

授课时间：2019年11月21日

授课专家：杰弗里·科洛博士

内容概述：

上午，学员们来到东密歇根大学的训练馆，与校女子篮球队互动。接着观摩了篮球队的训练，了解他们训练的内容及目的。下午是运动心理课，内容是关于受伤运动员的心理重建，专家还留了充裕的答疑时间。

记录人：黎佳韵　王晓理

受伤运动员的恢复训练

授课时间：2019年12月2日

授课专家：杰里米·马拉和艾莉森·弗洛尼诺

内容概述：

东密歇根大学的两位运动损伤防护师分别讲述了受伤运动员的恢复训练，从受伤定义、伤病发生率、伤后的治疗措施、伤后注意事项等角度全方面地进行了讲解，同时也列举了很多的实际数据。

记录人：龙清泉　赵菁

美国体育概述

授课时间：2019年12月3日（上午）

授课专家：托尼教授

内容概述：

东密歇根大学人体科学教授托尼为我们讲解了美国体育的概况，从学科的角度分析了什么是体育以及体育的发展历程和美国对于体育项目的吸纳。同时，对学校体育、社会体育（俱乐部）、职业体育等做了简要介绍。

记录人：龙清泉　赵菁

运动防护案例讲解

授课时间：2019年12月3日（下午）
授课专家：杰里米·马拉

内容概述：

东密歇根大学运动损伤防护师杰里米对随队伍训练、比赛的实际案例进行了详细讲解，包括比赛前的热身准备活动、身体检查以及指法按摩等。

记录人：龙清泉　赵菁

参观美国冰球国家队发展计划总部

授课时间：2019年12月4日（上午）

内容概述：

全体学员参观了美国冰球国家队发展计划总部。美国冰球国家队发展计划总部位于安娜堡市，是全美唯一一个职业冰球的青少年人才基地。美国职业冰球选材集中在16~18岁的学生中，将学生按年龄分为两个组，每组选23名运动员，在全国范围内选材。入选后，运动员有两年的集训期。

记录人：龙清泉　赵菁

心理学中的实用方法——臆想

授课时间： 2019年12月4日（下午）

授课专家： 杰弗里·科洛博士

内容概述：

本课程在东密歇根大学进行，杰弗里·科洛博士为学员们讲解了心理学中的实用方法——臆想。上课期间，所有学员按时抵达授课教室，遵守课堂纪律，黎佳韵、赵容、许亚萍、陈惠超、钟雪纯就授课内容与教师进行了互动。

记录人：龙清泉　赵菁

参观福勒维尔高中

授课时间： 2019年12月5日（下午）

授课专家： 布赖恩·奥斯本

内容概述：

全体学员参观了福勒维尔高中。该高中是公立学校，享受州政府拨款，学生人数越多拨款越多，每年学校将总经费的40%投入学校体育。全校共600多名学生，总共21支运动队，女子项目多于男子项目。每周一至周五下午2:30—4:00进行各校队的体育训练，学校只提供基础的训练，但运动损伤防护师、物理治疗师、专项教练、体能教练均有配备。

福勒维尔高中篮球馆

福勒维尔高中体能训练场地

记录人：龙清泉　赵菁

授课专家团队与学员讨论会

授课时间： 2019年12月10日

授课专家： 东密歇根大学专家团队

内容概述：

本日课程与以往较为不同，由东密歇根大学里的专家团队与学员们一起座谈讨论。开场几位专家分别介绍了自己的名字及个人工作范围。我们了解到，他们中有运动营养师、运动医学师、运动体能师、运动心理师、垒球助理教练以及学生学业咨询师。在之后的问答环节，双方进行了探讨、交流。

记录人：李琪　乔森

关于教练的执教

授课时间： 2019年12月11日

授课专家： 丹尼尔·古尔德

内容概述：

本日授课主要内容有执教的定义是什么，教练应具备的能力、知识水平、所扮演的角色，如何与运动员建立信任关系，教练如何学习，如何提升教练的水平，教练应该如何学习等。

记录人：乔森　李琪

参观东密歇根大学医学中心

授课时间：2019年12月12日
授课专家：罗恩

内容概述：

全体学员参观东密歇根大学运动医学中心，负责人罗恩为学员们讲解了该中心所涉及的领域，如底特律老虎队的运动员评估、美国职业篮球联赛（NBA）穿戴设备安全评估、人类未来发展领域预测等，专业性非常强。

最后，乔·艾森曼博士给大家颁发了三个月培训的结业证书。

学员领取结业证书后与乔·艾森曼博士合影

记录人：乔森　李琪